今注本二十四史

南史

五

傳〔二〕

唐　李延壽　撰

趙凱　汪福寶　周群　主持校注

中國社會科學出版社

南史　卷一六

列傳第六

王鎮惡　朱齡石 弟超石　毛脩之 孫惠素　傅弘之
朱脩之　王玄謨 子瞻 從弟玄象 玄載 玄邈

王鎮惡，北海劇人也。[1]祖猛，[2]仕苻堅，[3]任兼將相。父休爲河東太守。鎮惡以五月生，[4]家人以俗忌，欲令出繼疏宗。猛曰："此非常兒。昔孟嘗君惡月生而相齊，[5]是兒亦將興吾門矣。"故名爲鎮惡。年十三而苻氏敗，寓食黽池人李方家。[6]方善遇之，謂方曰："若遭英雄主，要取萬户侯，當厚相報。"方曰："君丞相孫，人材如此，何患不富貴，至時願見用爲本縣令足矣。"

[1]北海：郡名。治劇縣，在今山東壽光市南。　劇：縣名。治所在今山東壽光市南。

[2]猛：王猛。字景略。十六國時前秦大臣。協助苻堅改革内政，嚴明吏治，打擊豪强勢力，使苻秦朝政清明，國力逐漸强大。事見《晋書》卷一一四《苻堅載記下》。

[3]苻堅：字永固，一名文玉，氐族。十六國時前秦國主。在位二十七年（357—383）。《晉書》卷一一三、卷一一四有載記。

[4]鎮惡以五月生：古代迷信稱農曆五月爲惡月。南朝梁宗懔《荊楚歲時記》："五月，俗稱惡月，多禁忌，忌曝牀薦席，忌蓋屋。"

[5]孟嘗君：田文。戰國時齊國貴族，戰國四公子之一。《史記》卷七五有傳。

[6]黽池：縣名。即澠池。治所在今河南澠池縣。

後隨叔父曜歸晉，客荊州，[1]頗讀諸子兵書，喜論軍國大事，騎射非長，而從横善果斷。宋武帝伐廣固，[2]鎮惡時爲天門郡臨澧令。[3]人或薦之武帝，召與語，異焉，因留宿。旦謂諸佐曰：[4]"鎮惡，王猛孫，所謂將門有將。"即以署前部賊曹。[5]拒盧循有功，[6]封博陸縣五等子。[7]

[1]荊州：州名。治江陵縣，在今湖北荊州市荊州區。

[2]廣固：城名。在今山東青州市西北。南燕慕容德建都於此。

[3]天門：郡名。治澧陽縣，在今湖南石門縣。　臨澧：縣名。治所在今湖南桑植縣。

[4]佐：按，大德本、汲古閣本、百衲本同，殿本作"將"。

[5]賊曹：官署名。主察盜賊事。長官爲參軍。

[6]盧循：字于先，小名元龍，范陽涿（今河北涿州市）人，孫恩妹夫。《晉書》卷一〇〇有傳。

[7]博陸縣五等子：所謂五等，非指公侯伯子男之五等級。此制之行，衹在東晉末劉裕執政時及南朝宋初年。錢大昕説五等之封但假虛號，未有食邑，蓋出一時權益之制（參見周一良《魏晉南北朝史札記》，中華書局1985年版，第157頁）。

武帝謀討劉毅，[1]鎮惡曰："公若有事西楚，[2]請給百舸爲前驅。" 及西討，轉鎮惡參軍事，使率龍驤將軍蒯恩百舸前發。[3]鎮惡受命，便晝夜兼行，揚聲劉兗州上。[4]毅謂爲信，不知見襲。

［1］劉毅：字希樂，彭城沛（今江蘇沛縣）人。京口起兵推翻桓玄後，名位僅次於劉裕。後被劉裕猜忌，劉裕率軍攻江陵，兵敗自縊身死。《晋書》卷八五有傳。

［2］西楚：指荆州。按，荆州爲先秦楚國興起之地，在建康之西，故東晋、南朝稱荆州爲西楚。

［3］蒯恩：字道恩，蘭陵承（今山東棗莊市）人。劉裕部下將領。本書卷一七、《宋書》卷四九有傳。

［4］劉兗州：劉藩。劉毅從弟。京口起兵後，任兗州刺史。晋安帝義熙八年（412），被劉裕所殺。

鎮惡去江陵城二十里，[1]舍船步上，蒯恩軍在前，鎮惡次之，舸留一二人，對舸岸上豎旗安鼓。語所留人曰："計我將至城，便長嚴，[2]令後有大軍狀。"[3]又分隊在後，令燒江津船。[4]鎮惡徑前襲城，津戍及百姓皆言劉藩實上，[5]晏然不疑。將至城，逢毅要將朱顯之馳前問藩所在，軍人答云"在後"。及至軍後不見藩，又望見江津船艦被燒而鼓聲甚盛，知非藩上，便躍馬告毅，令閉城門。鎮惡亦馳進得入城，便因風放火，燒大城南門及東門。又遣人以詔及赦并武帝手書凡三函示毅，[6]毅皆燒不視。金城内亦未信帝自來。[7]及短兵接戰，鎮惡軍人與毅下將或是父兄子弟中表親親，[8]且鬬且語，知武帝在後，人情離懈。

[1]江陵：縣名。治所在今湖北荆州市荆州區。亦爲荆州及南郡治所。

[2]長嚴：指連續不斷地擂鼓。

[3]令後有大軍狀：按，大德本、汲古閣本、殿本、百衲本同，中華本據《册府元龜》卷四二一、《太平御覽》卷三一六引《晋書》補作"令如後有大軍狀"。

[4]江津：戍名。在今湖北荆州市南長江中。爲南北交通要衝。

[5]津：按，大德本、汲古閣本、百衲本同，殿本作"漳"。

[6]又遣人以詔及赦：按，大德本、汲古閣本、殿本、百衲本同，中華本據《宋書》卷四五《王鎮惡傳》於"赦"後補"文"字。

[7]金城：城内牙城。《資治通鑑》卷一一六《晋紀三十八》安帝義熙八年胡三省注："凡城内牙城，晋、宋時謂之金城。"

[8]下將：按，《宋書·王鎮惡傳》作"東將"。

初，毅常所乘馬在城外不得入，倉卒無馬，使就子肅取馬，[1]肅不與。朱顯之謂曰："人取汝父而惜馬，汝走欲何之？"奪馬以授毅，從大城東門出奔牛牧佛寺自縊。鎮惡身被五箭，手所執矟手中破折。[2]江陵平後二十日，大軍方至，以功封漢壽縣子。[3]

[1]肅：按，《宋書》卷四五《王鎮惡傳》作"肅民"，本書避唐太宗李世民諱省。

[2]手：按，大德本、汲古閣本、百衲本同，殿本、中華本作"於手"。

[3]漢壽縣子：封爵名。漢壽，縣名。治所在今湖南常德市。

及武帝北伐，爲鎮西諮議，[1]行龍驤將軍，[2]領前鋒。將發，前將軍劉穆之謂曰：[3]"昔晉文王委蜀於鄧艾，今亦委卿以關中，卿其勉之。"鎮惡曰："吾等因託風雲，並蒙抽擢，今咸陽不剋，誓不濟江。三秦若定，而公九錫不至，亦卿之責矣。"[4]

[1]諮議：官名。即諮議參軍。東晉、南朝公府、軍府僚屬。取咨詢謀議軍事而名，位在列曹參軍上。

[2]行：官制術語。代行其職。　龍驤將軍：官名。將軍名號。晉三品。

[3]劉穆之：字道和，小字道民，東莞莒（今山東莒縣）人，世居京口（今江蘇鎮江市）。建謀畫策，甚爲劉裕所倚重。本書卷一五、《宋書》卷四二有傳。

[4]三秦若定，而公九錫不至，亦卿之責矣：按，此爲王鎮惡答劉穆之語。《宋書》卷四五《王鎮惡傳》無，亦不見於《資治通鑑》（參見馬宗霍《南史校證》，湖南教育出版社 2008 年版，第 296 頁）。

鎮惡入賊境，戰無不捷，[1]破虎牢及柏谷塢。[2]進次黽池，造故人李方家，升堂見母，厚加酬賚，即授方黽池令。方軌徑據潼關，[3]將士乏食，乃親到弘農督人租。[4]百姓競送義粟，軍食復振。

[1]捷：按，大德本、殿本、百衲本同，汲古閣本作"接"。

[2]虎牢：地名。在今河南滎陽市西北。歷代爲戍守重地。

柏谷塢：地名。在今河南偃師市東南。

[3]潼關：地名。在今陝西潼關縣東北，渭河入黄河處南岸。東漢設關，是中國古代著名的關隘。

[4]弘農：郡名。治陝縣，在今河南三門峽市。

初，武帝與鎮惡等期，若剋洛陽，須待大軍，未可輕前。既而鎮惡等至潼關，爲僞大將軍姚紹所拒不得進，[1]馳告武帝求糧援。時帝軍入河，魏軍屯河岸，軍不得進。帝呼所遣人開舫北户指河上軍示之曰："我語令勿進而深入，岸上如此，何由得遣軍。"鎮惡既得義租，紹又病死，僞撫軍將軍姚讚代紹守嶮，衆力猶盛。武帝至湖城，[2]讚引退。

[1]姚紹：後秦大臣。事見《晋書》卷一一九《姚泓載記》。

[2]湖城：縣名。治所在今河南靈寶市西北。

大軍次潼關，謀進取計，鎮惡請率水軍自河入渭，直至渭橋。鎮惡所乘皆蒙衝小艦，行船者悉在艦内，泝渭而進，艦外不見有行船人。北土素無舟檝，莫不驚以爲神。鎮惡既至，令將士食畢，便棄船登岸。渭水流急，諸艦悉逐流去，鎮惡撫士卒曰："此是長安城北門外，去家萬里，而舫乘衣糧並已逐流，唯宜死戰，可立大功。"乃身先士卒，即陷長安城。城内六萬餘户，鎮惡撫慰初附，號令嚴肅。於灞上奉迎，[1]武帝勞之曰："成吾霸業者真卿也。"謝曰："此明公之威，諸將之力。"帝笑曰："卿欲學馮異邪。"[2]

[1]灞上：即霸上。在今陝西西安市東郊。

[2]馮異：字公孫，潁川父城（今河南寶豐縣）人。東漢開國功臣。《後漢書》卷一七有傳。

時關中豐全，鎮惡性貪，收斂子女玉帛不可勝計，帝以其功大不問。時有白帝言鎮惡藏姚泓僞輦，[1]有異志，帝使覘之，知鎮惡剔取飾輦金銀，棄輦於垣側，帝乃安。

[1]姚泓：字元子，羌族。十六國時後秦國主。在位二年（416—417）。《晋書》卷一一九有載記。

帝留第二子桂陽公義真爲安西將軍、雍秦二州刺史，[1]鎮長安。鎮惡以征虜將軍領安西司馬、馮翊太守，[2]委以扞禦之任。

[1]義真：劉義真。宋武帝第二子。本書卷一三、《宋書》卷六一有傳。

[2]征虜將軍：官名。雜號將軍。晋三品。　安西司馬：官名。即安西將軍府司馬。司馬，軍府高級幕僚。掌參贊軍務，管理府内武職，位次長史。

及大軍東還，赫連勃勃逼北地，[1]義真遣中兵參軍沈田子拒之。[2]虜甚盛，田子退屯劉因堡，[3]遣使還報鎮惡。鎮惡對田子使謂安西長史王脩曰：[4]“公以十歲兒付吾等，當共思竭力，今擁兵不進，賊何由得平？”使反言之，田子甚懼。

［1］赫連勃勃：字屈孑，匈奴族鐵弗部人。十六國時夏國主。《晉書》卷一三〇有載記。

［2］沈田子：字敬光，吴興武康（今浙江德清縣）人。本書卷五七、《宋書》卷一〇〇有附傳。

［3］劉因堡：按，《宋書》卷四五《王鎮惡傳》作“劉回堡”。

［4］王脩：字叔治，京兆霸城（今陝西西安市東北）人。事見本書卷一三《廬陵孝獻王義真傳》。

王猛之相苻堅也，北人以方諸葛亮。入關之功，又鎮惡爲首，時論者深憚之。田子嶢柳之捷，[1]威震三輔，[2]而與鎮惡争功。武帝將歸，留田子與鎮惡，私謂田子曰："鍾會不得遂其亂者，爲有衛瓘等也。語曰：'猛獸不如群狐。'卿等十餘人何懼王鎮惡。"故二人常有猜心。[3]時鎮惡師于涇上，[4]與田子俱會傅弘之壘，田子求屏人，因斬之幕下，并兄基弟鴻、遵、深從弟昭、朗，凡七人。[5]弘之奔告義真，義真率王智、王脩被甲登横門以察其變。[6]俄而田子至，言鎮惡反。脩執田子，以專戮斬焉。是歲，義熙十四年正月十五日也。追贈左將軍、青州刺史。及帝受命，追封龍陽縣侯，謚曰壯。傳國至曾孫叡，齊受禪，國除。

［1］嶢柳：城名。在今陝西藍田縣。

［2］三輔：當時習稱關中地區爲“三輔”。西漢治理京畿地區的三個職官的合稱。亦指其所轄地區。

［3］故二人常有猜心：按，此段爲《宋書》卷四五《王鎮惡

傳》所無，本書補。本書此補，始知王鎮惡與沈田子之矛盾乃劉裕有意製造的。故本書此補十分寶貴（參見高敏《南北史掇瑣》，中州古籍出版社 2003 年版，第 90 頁）。

[4]涇：水名。渭河支流。在今陝西中部。

[5]兄基弟鴻、遵、深從弟昭、朗，凡七人：《宋書·王鎮惡傳》作"兄基弟鴻、遵、淵從弟昭、朗、弘，凡七人"。按，《宋書》是，此不是七人，應據補。深，本書避唐高祖李淵諱改。

[6]横門：城門名。長安城北面西邊第一門。《三輔黄圖》卷一："長安城北出西頭第一門曰横門。"

朱齡石字伯兒，沛郡沛人也。[1]世爲將，伯父憲及斌並爲西中郎袁真將佐。[2]桓温伐真於壽陽，[3]真以憲兄弟潛通温，並殺之，齡石父綽逃歸温。壽陽平，真已死，綽輒發棺戮尸。温怒將斬之，温弟沖請得免。[4]綽受沖更生之恩，事沖如父。位西陽、廣平太守。[5]及沖薨，綽歐血而死。

[1]沛郡：郡名。治蕭縣，在今安徽蕭縣西北。　沛：縣名。治所在今江蘇沛縣。

[2]袁真：東晉時豫州刺史。事見《晉書》卷九八《桓温傳》。

[3]壽陽：縣名。東晉孝武帝避鄭太后名諱改爲壽春縣。治所在今安徽壽縣。

[4]沖：桓沖。字幼子，譙國龍亢（今安徽懷遠縣）人，桓温弟。《晉書》卷七四有附傳。

[5]西陽：郡名。治西陽縣，在今湖北黄岡市東。　廣平：僑郡名。東晉僑置，寄治襄陽縣，在今湖北襄陽市。南朝宋移治廣平縣，在今河南鄧州市東南。齊移治廣平縣，在今湖北丹江口市東南。

齡石少好武，不事崖檢。[1]舅淮南蔣氏才劣，齡石使舅卧聽事，翦紙方寸帖着舅枕，以刀子縣擲之，相去八九尺，百擲百中。舅畏齡石，終不敢動。舅頭有大瘤，齡石伺眠密割之即死。

[1]崖檢：指言行的檢束。

武帝剋京城，[1]以爲建武參軍。從至江乘將戰，[2]齡石言世受桓氏恩，不容以兵刃相向，乞於軍後。[3]帝義而許之。以爲鎮軍參軍，遷武康令。[4]縣人姚係祖專爲劫，[5]郡縣畏不能計，[6]齡石至縣，僞與厚，召爲參軍。係祖恃彊，乃出應召。齡石斬之，掩其家，悉殺其兄弟，由是一部得清。[7]後領中兵。齡石有武幹，又練吏職，帝甚親委之。平盧循有功，爲西陽太守。

[1]京城：地名。東漢末、三國吴時稱爲京城，後稱京口。在今江蘇鎮江市。爲長江下游軍事重鎮。

[2]江乘：縣名。治所在今江蘇句容市北。

[3]於：按，大德本、汲古閣本、百衲本同，殿本作“在”。

[4]武康：縣名。治所在今浙江德清縣西。

[5]劫：强盜。

[6]計：按，大德本、汲古閣本、殿本、百衲本作“討”。底本誤，應據諸本改。

[7]一部：按，大德本、殿本、百衲本同，汲古閣本及《宋書》卷四八《朱齡石傳》作“一郡”。

義熙九年，[1]徙益州刺史，[2]爲元帥伐蜀。初，帝與齡石密謀進取，曰："劉敬宣往年出黄武，[3]無功而退。賊謂我今應從外水往，[4]而料我當出其不意猶從内水來也，[5]必重兵守涪城以備内道。[6]若向黄武，正墮其計。今以大衆自外水取成都，疑兵出内水，此制敵之奇也。"而慮此聲先馳，賊審虚實，别有函封付齡石，署曰至白帝乃開。[7]諸軍雖進，未知處分，至白帝發書，曰："衆軍悉從外水取成都；臧熹、朱枚於中水取廣漢；[8]使羸弱乘高艦十餘，由内水向黄武。"譙縱果備内水，[9]使其大將譙道福戍涪城，遣其秦州刺史侯暉、僕射譙詵等屯彭摸，[10]夾水爲城。十年六月，齡石至彭摸。七月，齡石率劉鍾、蒯恩等於北城斬侯暉、譙詵。[11]朱枚至廣漢，復破譙道福别軍。譙縱奔涪城，巴西人王志斬送之，并獲道福，斬于軍門。

[1]義熙：東晋安帝司馬德宗年號（405—418）。

[2]益州：州名。治成都縣，在今四川成都市。

[3]劉敬宣：字萬壽，彭城（今江蘇徐州市）人，東晋名將劉牢之子。本書卷一七、《宋書》卷四七有傳。　黄武：按，《宋書》卷四八《朱齡石傳》作"黄虎"，本書避唐高祖李淵祖父李虎諱改。黄虎，城名。在今四川射洪市南。

[4]今應：按，大德本、殿本、百衲本同，汲古閣本作"令義"。　外水：水名。指今四川眉山市彭山區以下之岷江與宜賓市至重慶市間長江。亦曰蜀江。

[5]内水：亦稱内江。今四川之涪江。

[6]涪城：縣名。治所在今四川綿陽市東涪江東岸。

[7]白帝：城名。在今重慶奉節縣東白帝山上。

[8]朱枚：按，本書卷二五《王懿傳》又作"朱牧"。《宋書》

卷四六《王懿傳》作“朱牧”，《朱齡石傳》作“朱林”。“林”“牧”“枚”形近，未知孰是。　中水：水名。亦作中江。即今四川中部沱江。六朝以來有中水之稱。　廣漢：郡名。治雒縣，在今四川廣漢市北。

[9]譙縱：巴西南充（今四川南充市）人。十六國時後蜀國主。《晋書》卷一〇〇有傳。

[10]彭摸：城名。亦名彭亡城、平無城。在今四川眉山市彭山區東北十里江口鎮。大德本、汲古閣本、殿本、百衲本同，中華本作“彭模”。《資治通鑑》卷一一六《晋紀三十八》安帝義熙九年作“平模”。

[11]劉鍾：字世之，彭城（今江蘇徐州市）人。劉裕部下將領。本書卷一七、《宋書》卷四九有傳。

帝之伐蜀，將謀元帥，乃舉齡石。衆咸謂齡石資名尚輕，慮不辦克，[1]論者甚衆，帝不從。乃分大軍之半，令猛將勁卒悉以配之。臧熹，敬皇后弟也，亦命受其節度。及戰尅捷，衆咸服帝知人，又美齡石善於事。以平蜀功，封豐城侯。

[1]辦克：按，大德本、汲古閣本、殿本、百衲本同，中華本據《册府元龜》卷二〇四改作“克辦”。

十四年，桂陽公義真被徵，以齡石爲雍州刺史，督關中諸軍事。[1]齡石至長安，義真乃發。義真敗于青泥，[2]齡石亦舉城奔走見殺。傳國至孫，齊受禪，國除。

[1]關中：地區名。指今陝西關中平原。《史記》卷一二九

《貨殖列傳》:“關中自汧、雍以東至河、華。”

［2］青泥：城名。在今陝西藍田縣附近。

齡石弟超石，亦果鋭。雖出自將家，兄弟並閑尺牘。[1]桓謙爲衛將軍，[2]以補行參軍。[3]後爲武帝徐州主簿，收迎桓謙身首，躬營殯葬。

［1］閑：通“嫻”。熟悉、熟練。

［2］桓謙：字敬祖，桓沖子。後從蜀順江攻東晉，被劉道規所殺。《晋書》卷七四有附傳。

［3］行參軍：官名。品階低於參軍。

義熙十二年北伐，超石前鋒入河。[1]時軍人緣河南岸牽百丈。[2]有漂度北岸者，輒爲魏軍所殺略。帝遣白直隊主丁旿率七百人及車百乘於河北岸爲却月陣，兩頭抱河，車置七仗士。事畢，使豎一長白毦。[3]魏軍不解其意，並未動。帝先命超石戒嚴，[4]白毦既舉，超石赴之，并齎大弩百張，一車益二十人，設彭排於轅上。[5]魏軍見營陣立，乃進圍營。[6]超石先以弱弓小箭射之，魏軍四面俱至。魏明元皇帝又遣南平公長孫嵩三萬騎内薄攻營，[7]於是百弩俱發。魏軍既多，弩不能制，超石初行，别齎大槌并千餘張矟，乃斷矟三四尺以槌之，[8]一矟輒洞貫三四人。魏軍不能當，遂潰。大軍進剋蒲坂，[9]以超石爲河東太守。

［1］超石前鋒入河：按，大德本、汲古閣本、殿本、百衲本同，

中華本據《册府元龜》卷三四四補作“超石爲前鋒入河”。

[2]百丈：牽船的篾纜，牽繩。

[3]毦（ěr）：以鳥羽或獸毛做成的裝飾物，常用以飾頭盔、犬馬或兵器。

[4]帝先命超石戒嚴：按，大德本、汲古閣本、殿本、百衲本同，中華本據《通典》卷一六一《兵典》、《册府元龜》卷七二四、《太平御覽》卷三一八引補作“帝先命超石戒嚴二千人”，其校勘記云：“按上云‘車百乘’，下云‘一車益二十人’，正合二千人之數。”

[5]彭排：即盾牌。禦攻防身的戰具。

[6]魏軍見營陣立，乃進圍營：按，大德本、殿本、百衲本同，汲古閣本“乃”在“立”前。

[7]魏明元皇帝：拓跋嗣。鮮卑族。在位十五年（409—423）。《魏書》卷三、《北史》卷一有紀。　長孫嵩：代（今河北蔚縣）人。北魏大臣。《魏書》卷二五、《北史》卷二二有傳。　内：按，大德本、汲古閣本、百衲本同，殿本作“肉”。

[8]以槌之：按，大德本、汲古閣本、殿本、百衲本同，中華本據《宋書》卷四八《朱超石傳》補作“以槌槌之”。

[9]蒲坂：縣名。治所在今山西永濟市蒲州鎮。地當黄河彎曲處，有風陵隔河與潼關相對，爲河東通往關中要衝。

後除中書侍郎，[1]封興平縣五等侯。關中亂，帝遣超石慰勞河洛，與齡石俱没赫連勃勃，見殺。

[1]中書侍郎：官名。爲中書監、令之副，助監、令掌尚書奏事。晋五品。

毛脩之字敬文，滎陽陽武人也。[1]祖武生、伯父璩並益州刺史。[2]父瑾，梁、秦二州刺史。[3]

[1]滎陽：郡名。治滎陽縣，在今河南滎陽市東北。　陽武：縣名。治所在今河南原陽縣東南。

[2]武生：按，《宋書》卷四八《毛脩之傳》作“虎生”，本書避唐高祖李淵祖父李虎諱改。　璩：毛璩。字叔璉。爲部下譙縱所殺。《晉書》卷八一有附傳。

[3]梁、秦：雙頭州名。二州合治南鄭縣，共一刺史。治所在今陝西漢中市東。

脩之仕桓玄爲屯騎校尉，[1]隨玄西奔。玄欲奔漢川，脩之誘令入蜀。馮遷斬玄於枚洄洲，[2]脩之力也。宋武帝以爲鎮軍諮議，遷右衛將軍。[3]既有斬玄之謀，又父伯並在蜀，[4]帝欲引爲外助，故頻加榮爵。

[1]桓玄：字敬道，譙國龍亢（今安徽懷遠縣）人，桓温子。晉安帝元興初，桓玄率軍東下，攻入建康，殺司馬道子父子，執掌朝政。二年稱帝，國號楚。三年，劉裕、劉毅在京口起兵征討，玄兵敗西逃，爲益州兵所殺。《晉書》卷九九有傳。

[2]枚洄洲：地名。一作枚回洲。在今湖北荆州市西北長江中。東晉安帝元興三年（404），益州督護馮遷殺桓玄於此。

[3]右衛將軍：官名。掌宫禁宿衛營兵，位在左衛將軍下。晉四品。

[4]父伯：按，大德本、殿本、百衲本同，汲古閣本作“伯父”。

及父瑾爲譙縱所殺，帝表脩之爲龍驤將軍，配兵遣奔赴。時益州刺史鮑陋不肯進討，脩之言狀，帝乃令冠軍將軍劉敬宣伐蜀，無功而退。譙縱由此送脩之父伯及中表喪柩口累並得還。[1]

[1]口累：家眷，家口。

後劉毅西鎮江陵，以爲衛軍司馬、南郡太守。脩之雖爲毅將佐，而深結於帝，及毅敗見宥。時遣朱齡石伐蜀，脩之固求行。帝慮脩之至蜀多所誅殺，且土人既與毛氏有嫌，亦當以死自固。不許。

脩之不信鬼神，所至必焚房廟。[1]時蔣山廟中有好牛馬，並奪取之。累遷相國右司馬，行司州事。[2]戍洛陽，脩立城壘。武帝至，履行善之，賜衣服玩好，當時評直二千萬。

[1]房廟：祠堂、廟宇。

[2]司州：州名。東晋安帝義熙十二年（416）劉裕北伐，置司州於虎牢，在今河南滎陽市汜水鎮。南朝宋少帝景平元年（423）陷於北魏。

王鎮惡死，脩之代爲安西司馬。桂陽公義真敗，爲赫連勃勃所禽。及赫連昌滅，[1]入魏。脩之在洛，敬事嵩高道士寇謙之。[2]謙之爲魏太武帝信敬，[3]營護之，故不死。脩之嘗爲羊羹薦魏尚書，尚書以爲絶味，獻之太武，大悦，以爲太官令，[4]被寵，遂爲尚書、光禄大夫，封南郡公，太官令、常如故。[5]

[1]赫連昌：字還國，赫連勃勃子。十六國時夏國主。《魏書》卷九五有附傳。

[2]寇謙之：字輔真，上谷昌平（今北京市昌平區）人。道教代表人物。事見《魏書·釋老志》、《魏書》卷四二《寇讚傳》。

[3]魏太武帝：拓跋燾，小字佛貍。在位三十年（423—452），廟號世祖。《魏書》卷四、《北史》卷二有紀。

[4]太官令：官名。掌宮廷飲食。

[5]常如故：按，大德本、汲古閣本、殿本、百衲本同，中華本據《宋書》卷四八《毛脩之傳》改作“尚書如故”。

後朱脩之俘于魏亦見寵，脩之問朱脩之，南國當權者爲誰，答云殷景仁。[1]脩之笑曰：“吾昔在南，殷尚幼少，我歸罪之日，便當巾韝到門。”[2]經年不忍問家消息，久之乃訪焉。脩之具答，并云：“賢子元矯甚能自處。”脩之悲不得言，直視良久，乃長歎曰：“嗚呼！”自此一不復及。

[1]殷景仁：陳郡長平（今河南西華縣）人。士族出身。本書卷二七、《宋書》卷六三有傳。

[2]巾韝：頭巾和單衣。爲古代士人之盛服。

初，北人去來言脩之勸魏侵邊，并教以在南禮制，[1]文帝甚疑責之。朱脩之後得還，具相申理，上意乃釋。脩之在魏多妻妾，男女甚衆，身遂死於魏。

[1]并教以在南禮制：按，汲古閣本、殿本同，大德本、百衲本“教”作“不”。

孫惠素，仕齊爲少府卿。[1]性至孝，母服除後，更脩母所住處牀帳屏帷，每月朝十五向帷悲泣，[2]傍人爲之感傷，終身如此。

[1]少府卿：官名。南朝時職掌宫廷手工業等事務。宋三品。齊官品不詳。

[2]朝：按，大德本、汲古閣本、殿本、百衲本同，中華本據《册府元龜》卷七五三改作“朔”。

惠素吏才彊濟，而臨事清刻，敕市銅官碧青一千二百斤供御畫，[1]用錢六十五萬。有讒惠素納利，武帝怒，敕尚書評價，[2]貴二十八萬餘，有司奏，伏誅。死後家徒四壁，武帝後知無罪，甚悔恨之。

[1]碧青：顔料名。即石青中顔色較淺者。舊稱白青、魚目青。

[2]評價：評定價值。

傅弘之字仲度，北地泥陽人也。[1]傅氏舊屬靈州，漢末失土，寄馮翊，置泥陽、富平二縣，廢靈州，故傅氏悉屬泥陽。晋武帝太康三年復立靈州縣，傅氏還屬靈州。弘之高祖祗，[2]晋司徒，後封靈州公。不欲封本縣，故祗一門還屬泥陽。曾祖暢，秘書丞，没石勒，[3]生子洪。晋穆帝永和中，[4]石氏亂，度江。洪軍梁州刺史歆，[5]歆生弘之。

[1]北地：郡名。東漢末置，寄治馮翊郡界。三國魏割馮翊之

祋祤（今陝西銅川市耀州區東）爲實土，相當今陝西銅川市耀州區、富平縣。　泥陽：縣名。東漢末移治今陝西銅川市耀州區東南。爲北地郡治。

[2]祗：傅祗。字子莊，傅咸族弟。《晋書》卷四七有附傳。

[3]石勒：字世龍，上黨武鄉（今山西榆社縣）人，羯族。十六國時後趙建立者。在位十五年（319—333）。《晋書》卷一〇四、卷一〇五有載記。

[4]永和：東晋穆帝司馬聃年號（345—356）。

[5]軍：按，大德本同，汲古閣本、殿本、百衲本作“生”。底本誤，應改作“生”。

少倜儻有大志，歷位太尉行參軍。宋武帝北伐，弘之與扶風太守沈田子等七軍自武關入。[1]弘之素習騎乘，於姚泓馳道内戲馬，甚有姿制，羌胡觀者數千，並歎稱善。留爲桂陽公義真雍州中從事史。[2]

[1]武關：關名。在今陝西丹鳳縣東南。爲關中地區通往豫西南和湖北的咽喉。關，按，大德本、殿本、百衲本同，汲古閣本作“門”。

[2]中從事史：官名。即治中從事史。本書避唐高宗李治諱省“治”字。州刺史佐吏，位在别駕從事下。掌文書案卷等。晋六品。

及義真東歸，赫連勃勃傾國追躡，於青泥大戰，弘之躬貫甲冑，氣冠三軍，軍敗陷没，不爲之屈。時天大寒，裸弘之，弘之叫罵見殺。

朱脩之字恭祖，義陽平氏人也。[1]曾祖燾，晋平西將軍。祖序，[2]豫州刺史。父諶，益州刺史。

[1]義陽：郡名。治新野縣，在今河南新野縣。 平氏：縣名。治所在今河南桐柏縣西北。

[2]序：朱序。字次倫。東晉名將。在淝水之戰中立功。《晉書》卷八一有傳。

脩之初爲州主簿，[1]宋元嘉中，[2]累遷司徒從事中郎。[3]文帝謂曰："卿曾祖昔爲王導丞相中郎，卿今又爲王弘中郎，[4]可謂不忝爾祖矣。"

[1]州主簿：官名。負責文書簿籍，掌管印鑒等事。雖非掾吏之首，然地位較高。

[2]元嘉：南朝宋文帝劉義隆年號（424—453）。

[3]從事中郎：官名。魏晋以來丞相或三公府屬多置，職參謀議。宋六品。

[4]今：按，大德本、殿本、百衲本同，汲古閣本無此字。 王弘：字休元，琅邪臨沂（今山東臨沂市）人，王導曾孫。本書卷二一、《宋書》卷四二有傳。

後隨右軍到彦之北侵，[1]彦之自河南回，脩之留戍滑臺，[2]被魏將安頡攻圍。糧盡，將士熏鼠食之。脩之被圍既久，母常悲憂，忽一旦乳汁驚出，母號慟告家人曰："我年老非復有乳汁時，今如此，兒必没矣。"魏果以其日剋滑臺，囚之。太武嘉其固守之節，以爲雲中鎮將，妻以宗室女。

[1]到彦之：字道豫，彭城武原（今江蘇邳州市）人。本書卷二五有傳。

[2]滑臺：城名。在今河南滑縣東南。其地控制河津，險固可恃，東晉、南北朝時爲軍事要地。

脩之潛謀南歸，妻疑之，每流涕謂曰："觀君無停意，何不告我以實，義不相負。"脩之深嘉其義而不告也。及太武伐馮弘，[1]脩之及同没人邢懷明並從。又有徐卓者亦没魏，復欲率南人竊發，事泄見誅。脩之、懷明懼禍，同奔馮弘，不見禮。停一年，會宋使至。脩之名位素顯，傳詔見便拜。[2]彼國敬傳詔，呼爲天子邊人。見傳詔致敬，乃始禮之。

[1]馮弘：字文通，長樂信都（今河北衡水市冀州區）人。十六國時北燕國主。在位七年（430—436）。事見《魏書》卷九七《海夷馮跋傳》。按，北燕都黄龍城，在今遼寧朝陽市。北燕又有黄龍國之稱。

[2]傳詔：官名。掌傳達皇帝詔命及宣召大臣。地位不高。

時魏屢伐黄龍，弘遣使求救，脩之乃使傳詔説而遣之。泛海，未至東萊，舫柂折，風猛，海師慮向海北，垂長索，舫乃正。海師視上有鳥飛，知去岸不遠，須臾至東萊。[1]及至，以爲黄門侍郎。[2]

[1]東萊：郡名。治曲城縣，在今山東萊州市東北。

[2]黄門侍郎：官名。門下省次官，與侍中俱掌門下衆事，位頗重要。宋五品。

孝武初，累遷寧蠻校尉、雍州刺史，[1]加都督。[2]脩之政在寬簡，士庶悦附。及荆州刺史南郡王義宣反，[3]檄脩之舉兵。雍土時飢，脩之僞與之同；既而遣使陳情於孝武，孝武嘉之，以爲荆州刺史，加都督。義宣乃聞脩之不同，更以魯秀爲雍州刺史，[4]擊襄陽。脩之命斷馬鞍山道，秀不得前乃退。脩之率衆向江陵，竺超已執義宣，[5]脩之至，於獄殺之。以功封南昌縣侯。

[1]寧蠻校尉：官名。掌管雍州地區的少數民族事務。領兵，設府於襄陽，稱小府。宋四品。　雍州：僑州名。治襄陽縣，在今湖北襄陽市。

[2]都督：官名。地方軍政長官。魏晋以後，都督諸州軍事多兼任駐地州刺史，爲該地區的軍政長官。分使持節、持節、假節三種，職權各有不同。

[3]南郡王義宣：劉義宣。宋武帝第六子。本書卷一三、《宋書》卷六八有傳。

[4]魯秀：小字天念，扶風郿（今陝西眉縣）人，魯爽弟。事見本書卷四〇《魯爽傳》。

[5]竺超：按，《宋書》卷七六《朱脩之傳》作“竺超民”，本書避唐太宗李世民諱省。

脩之立身清約，百城貺贈，一無所受。唯以蠻人宜存撫納，有餉皆受，得輒與佐史賭之，[1]未嘗入己。去鎮之日，秋毫無犯。計在州以來，然油及私牛馬食官穀草，以私錢六十萬償之。[2]而儉刻無潤，薄於恩情，姊在鄉里，饑寒不立，脩之貴爲刺史，未曾供贍。往姊家，姊爲設菜羹麤飯以激之，脩之曰：“此是貧家好食，進之致飽。”先是，新野庾彦達爲益州刺史，攜姊之鎮，資給供奉，中分秩禄，西土稱焉。

[1]睹：按，大德本、汲古閣本、殿本、百衲本作“賭”。底本誤，應據諸本改。

[2]六十：按，《宋書》卷七六《朱脩之傳》作“十六”。

脩之後拜左户尚書、領軍將軍。[1]至建鄴，牛奔墜車折脚，[2]辭尚書，徙崇憲太僕，[3]仍加特進、金紫光禄大夫。[4]脚疾不堪獨行見，特給扶侍。[5]卒，謚貞侯。

[1]左户尚書：官名。即左民尚書，唐人避李世民諱改。爲五曹尚書之一。掌户籍和工官之事。宋三品。　領軍將軍：官名。南朝時掌禁衛軍及京都諸軍，爲禁衛軍最高統帥。資深者稱領軍將軍，資淺者爲中領軍。宋三品。

[2]牛奔：按，大德本、殿本、百衲本同，汲古閣本作“奔牛”。

[3]崇憲太僕：官名。爲太后三卿之一，地位與九卿相當。按，宋孝武帝母路太后宫曰崇憲。

[4]特進：官名。魏晋南北朝爲加官，用以安置閑退大臣。宋二品。　金紫光禄大夫：官名。指光禄大夫加金印紫綬者。

[5]特給扶侍：給扶，給予扶侍之人。賞賜給年高德劭者供其役使，是君主賜予大臣的一種禮遇。此制在南朝梁、陳時期甚爲盛行。

王玄謨字彦德，太原祁人也。[1]六世祖宏，河東太守、緜竹侯，[2]以從叔司徒允之難，[3]棄官北居新興，仍爲新興、鴈門太守。其自序云爾。祖牢，仕慕容氏爲上谷太守，隨慕容德居青州。[4]父秀，早卒。

[1]太原：郡名。治晋陽縣，在今山西太原市西南。　祁：縣名。治所在今山西祁縣東南。

[2]緜竹：按，《宋書》卷七六《王玄謨傳》作“綿竹”。

[3]允：王允。字子師。東漢獻帝時司徒，與吕布謀殺董卓。《後漢書》卷六六有傳。

[4]慕容德：字玄明，鮮卑族。十六國時南燕國主。在位八年(398—405)。《晋書》卷一二七有載記。　青州：十六國時，青州移治廣固城，在今山東青州市西北。慕容德都廣固城，置青州於東萊掖城，在今山東萊州市。東晋劉裕移治東陽城，在今山東青州市。青，按，大德本、殿本、百衲本同，汲古閣本作“清”。

玄謨幼而不群，世父蕤有知人鑒，常笑曰：“此兒氣概高亮，有太尉彦雲之風。”宋武帝臨徐州，辟爲從事史，與語異之。少帝末，謝晦爲荆州，[1]請爲南蠻行參軍、武寧太守。[2]晦敗，以非大帥見原。

[1]謝晦：字宣明，陳郡陽夏（今河南太康縣）人。後任荆州刺史，因挾重兵居藩鎮，爲朝廷所忌，遂擁兵作亂，兵敗被誅。本書卷一九、《宋書》卷四四有傳。

[2]武寧：郡名。治樂鄉縣，在今湖北荆門市北。

元嘉中，補長沙王義欣鎮軍中兵參軍，[1]領汝陰太守。[2]每陳北侵之規，[3]上謂殷景仁曰：“聞王玄謨陳説，使人有封狼居胥意。”[4]

[1]長沙王義欣：劉義欣。長沙王劉道憐子。本書卷一三、《宋書》卷五一有附傳。

[2]汝陰：郡名。治汝陰縣，在今安徽阜陽市。

[3]規：按，大德本、汲古閣本、百衲本同，殿本作“謀”。

[4]封狼居胥：原指漢大將霍去病登狼居胥山築壇祭天以告成功之事。事見《漢書》卷五五《霍去病傳》。此處指建立顯赫武功。

後爲興安侯義賓輔國司馬、彭城太守。[1]義賓薨，玄謨上表，以彭城要兼水陸，請以皇子撫臨州政，乃以孝武出鎮。[2]

[1]興安侯義賓：劉義賓。長沙王劉道憐子。本書卷一三、《宋書》卷五一有附傳。　彭城：郡名。治彭城縣，在今江蘇徐州市。

[2]孝武：宋孝武帝劉駿。字休龍，宋文帝第三子。初封武陵王，時爲徐州刺史鎮彭城。本書卷二、《宋書》卷六有紀。

及大舉北侵，以玄謨爲寧朔將軍。[1]前鋒入河，受輔國將軍蕭斌節度。[2]軍至碻磝，[3]玄謨進向滑臺，圍城二百餘日。魏太武自來救之，衆號百萬，鼓鞞動天地。[4]玄謨之行也，衆力不少，器械精嚴，而專仗所見，多行殺戮。初圍城，城内多茅屋，衆求以火箭燒之。玄謨曰：“損亡軍實。”不聽。城中即撤壞之，空地爲窟室。[5]及魏救將至，衆請發車爲營，又不從。將士並懷離怨。又營貨利，一匹布責人八百梨，以此倍失人心。及太武軍至，乃夜遁，麾下散亡略盡。蕭斌將斬之，沈慶之固諫曰:“佛狸威震天下，控弦百萬，豈玄謨所當。[6]殺戰將以自弱，非良計也。”斌乃止。

［1］寧朔將軍：官名。雜號將軍。宋四品。

［2］蕭斌：南蘭陵（今江蘇常州市武進區）人，蕭思話從兄弟。宋文帝元嘉末，佐太子劉劭謀殺文帝。事見《宋書》卷七八《蕭思話傳》、卷九九《元凶劭傳》。

［3］碻（qiāo）磝（áo）：古津渡、城名。在今山東聊城市茌平區西南古黄河南岸，其東爲碻磝城。東晋、南北朝時爲軍事要地。

［4］鞞：按，大德本、汲古閣本、百衲本同，殿本作“鼙”。

［5］空地：按，大德本、汲古閣本、殿本、百衲本同，中華本據《通志》卷一三一改作“穴地”。

［6］所當：按，大德本、汲古閣本、殿本、百衲本同，中華本據《宋書》卷七六《王玄謨傳》改作“所能當”。

初，玄謨始將見殺，夢人告曰:“誦觀世音千徧則免。”玄謨夢中曰:“何可竟也。”仍見授，既覺誦之，且得千徧。明日將刑，誦之不輟。忽傳唱停刑，遣代守碻磝。江夏王義恭爲征討都督,[1]以碻磝沙城不可守，召令還。爲魏軍所追，大破之，流矢中臂。二十八年正月，還至歷城。[2]義恭與玄謨書曰:“聞因敗爲成,[3]臂上金創，將非金印之徵邪?”

［1］江夏王義恭：劉義恭。宋武帝第五子。本書卷一三、《宋書》卷六一有傳。

［2］歷城：地名。在今山東濟南市。

[3]成：按，大德本、汲古閣本、百衲本同，殿本作“城”。

元凶弑立，[1]以玄謨爲冀州刺史。[2]孝武伐逆，玄謨遣濟南太守垣護之等將兵赴義。[3]事平，除徐州刺史，加都督。

[1]元凶弑立：指宋文帝被太子劉劭所殺。弑，汲古閣本、殿本同，大德本、百衲本作“殺”。

[2]冀州：僑州名。南朝宋文帝元嘉九年（432）僑置，治歷城縣，在今山東濟南市。宋明帝泰始六年（470）與青州合僑置於鬱洲，在今江蘇連雲港市東雲臺山一帶。

[3]垣護之：字彦宗，略陽桓道（今甘肅隴西縣）人。本書卷二五、《宋書》卷五〇有傳。

及南郡王義宣與江州刺史臧質反，[1]朝廷假玄謨輔國將軍，爲前鋒南討，拜豫州刺史。[2]質尋至，大破之。加都督，封曲江縣侯。中軍司馬劉沖之白孝武，言玄謨在梁山與義宣通謀。[3]檢雖無實，上意不能明，使有司奏玄謨没匿所得賊寶物，虚張戰簿，與徐州刺史垣護之並免官。

[1]臧質：字含文，東莞莒（今山東莒縣）人。宋武帝臧皇后之侄。本書卷一八有附傳，《宋書》卷七四有傳。

[2]豫州：僑州名。治壽春縣，在今安徽壽縣。

[3]梁山：山名。在今安徽蕪湖市北長江之濱。東梁山與對岸西梁山相對峙，合稱天門山。歷代爲江防要地。

尋爲寧蠻校尉、雍州刺史，加都督。雍土多諸僑寓，玄謨上言所統僑郡無有境土，新舊錯亂，租課不時，宜加并合。見許。乃省并郡縣，自此便之。百姓當時不願屬籍。[1]其年，玄謨又令九品以上租，使貧富相通，[2]境内莫不嗟怨。人間訛言玄謨欲反，時柳元景當權，[3]元景弟僧景爲新城太守，[4]以元景之勢，制令雍土南陽、順陽、上庸、新城諸郡並發兵，[5]欲討玄謨。玄謨令内外晏然，以解衆惑，馳啓孝武，具陳本末。帝知其虚，馳遣主書吴喜公慰撫之。[6]又答曰："玄謨啓明白之日，七十老公反欲何求？聊復爲笑，想足以申卿眉頭耳。"玄謨性嚴，未曾妄笑，時人言玄謨眉頭未曾申，故以此見戲。

[1]百姓當時不願屬籍：北來僑民的户籍是白籍，享受優復待遇。土斷後改爲黄籍，就要納税服役。

[2]玄謨又令九品以上租，使貧富相通：一種徵税辦法（九品混通）。即每次徵調，不是平均負擔，而是分别按貧富繳納，九等通計，達到政府規定的標準。

[3]柳元景：字孝仁，河東解（今山西臨猗縣）人。本書卷三八、《宋書》卷七七有傳。

[4]新城：郡名。治房陵縣，在今湖北房縣。

[5]南陽：郡名。治宛縣，在今河南南陽市。　順陽：郡名。治南鄉縣，在今河南淅川縣南。　上庸：郡名。治上庸縣，在今湖北竹山縣西南。

[6]吴喜公：本名喜公，宋明帝改名喜，吴興臨安（今浙江杭州市臨安區）人。本書卷四〇、《宋書》卷八三有傳。

後爲金紫光禄大夫，領太常。[1]及建明堂，[2]以本官領起部尚書，[3]又領北選。孝武狎侮群臣，各有稱目，多須者謂之羊，短長肥瘦皆有比擬。顔師伯缺齒，[4]號之曰齴，劉秀之儉恡，[5]常呼爲老慳。黄門侍郎宗靈秀軀體肥壯，拜起艱難，每一集會，輒於坐賜靈秀器服飲食，前後相係，欲其占謝傾蹐，以爲歡笑。又刻木作靈秀父光禄勳叔獻像送其家聽事。柳元景、垣護之雖並北人，而玄謨獨受老傖之目。[6]凡諸稱謂，四方書疏亦如之。嘗爲玄謨作四時詩曰:"堇茹供春膳，粟漿充夏飡，爮醬調秋菜，白醝解冬寒。"[7]又寵一崑崙奴子，[8]名白主，常在左右，令以杖擊群臣。自柳元景以下皆罹其毒。

[1]太常：官名。掌禮儀祭祀。宋三品。

[2]明堂：古代帝王宣明政教的地方。凡朝會、祭祀、慶賞、選士、養老、教學等大典，都在此舉行。

[3]起部尚書：官名。掌營造宗廟宫室。常以他官兼領，事畢即省。

[4]顔師伯：字長淵，本書避唐高祖李淵諱作"長深"，琅邪臨沂（今山東臨沂市）人。本書卷三四有附傳，《宋書》卷七七有傳。

[5]劉秀之：字道寶，東莞莒（今山東莒縣）人。本書卷一五有附傳，《宋書》卷八一有傳。

[6]老傖：六朝時南人對北人或南渡北人的鄙稱。

[7]白醝（cuō）：醝爲酒名。《玉篇》:"醝，白酒也。"

[8]崑崙奴：古代帝王或豪富之家以南海國人爲奴僕，稱"崑崙奴"。崑崙，古時泛指中印半島南部及南洋諸島各國或其國人。

也指膚色黝黑的人。

玄謨尋還徐州刺史，加都督。時北土災饉，乃散私穀十萬斛、牛千頭以賑之。孝武崩，與群公俱被顧命。[1]時朝政多門，玄謨以嚴直不容，徙青、冀二州刺史，[2]加都督。少帝誅顔師伯、柳元景等，狂悖滋甚，以領軍徵玄謨，子姪咸勸稱疾。玄謨曰："避難苟免，既乖事君之節，且吾荷先朝厚恩，彌不得逡巡。"及至，屢表諫静，又流涕請緩刑去殺，以安元元之意。少帝大怒。

[1]顧命：皇帝臨終時之詔命。

[2]青、冀二州：雙頭州名。治歷城縣，在今山東濟南市。

明帝即位，禮遇益崇。時四方反叛，玄謨領水軍前鋒南討，以脚疾未差，聽乘輿出入。尋除車騎大將軍、江州刺史，[1]副司徒建安王休仁於赭圻，[2]賜以諸葛亮筩袖鎧。頃之，以爲左光禄大夫、開府儀同三司，[3]領護軍將軍，[4]遷南豫州刺史，[5]加都督。薨年八十二，[6]謚曰莊公。

[1]車騎大將軍：按，大德本、汲古閣本、殿本、百衲本同，中華本據《宋書》卷八《明帝紀》改作"車騎將軍"。

[2]建安王休仁：劉休仁。宋文帝第十二子。本書卷一四、《宋書》卷七二有傳。　赭圻：城名。在今安徽蕪湖市繁昌區西北、長江南岸。東晉桓温所築，爲江防重鎮。

[3]左光禄大夫：官名。作爲在朝顯職的加官，其地位在光禄大夫之上。按，大德本、汲古閣本、百衲本同，殿本作“光禄大夫”。 開府儀同三司：官名。爲大臣加號，指禮制、待遇與三公相同，許開設府署，自辟僚屬。係給非三公官員以三公待遇。

[4]護軍將軍：官名。禁衛軍長官，略低於領軍將軍。資深者爲護軍將軍，資淺者爲中護軍。宋三品。

[5]南豫州：州名。治歷陽縣，在今安徽和縣。

[6]薨年八十二：按，《宋書》卷七六《王玄謨傳》作“年八十一薨。”

子深早卒，深子繢嗣。深弟寬，泰始初，[1]爲隨郡太守。[2]逢四方反，父玄謨在建鄴，寬棄郡自歸。以母在西，爲賊所執，請西行，遂襲破隨郡，收其母。事平，明帝嘉之，使圖寬形以上。齊永明元年，[3]爲太常，坐於宅殺牛，免官。後卒於光禄大夫。

[1]泰始：南朝宋明帝劉彧年號（465—471）。

[2]隨郡：郡名。治隨縣，在今湖北隨州市。按，南朝宋時名隨陽郡，齊改爲隨郡。

[3]永明：南朝齊武帝蕭賾年號（483—493）。

寬弟瞻字明遠，一字叔鸞。負氣慠俗，好貶裁人物。仕宋爲王府參軍。嘗詣劉彦節，[1]直登榻曰：“君侯是公孫，僕是公子，引滿促膝，唯余二人。”彦節外迹雖酬之，意甚不悦。齊豫章王嶷少時，[2]早與瞻友。瞻常候嶷高論，齊武帝時在大牀寢，瞻謂嶷曰：“帳中人物亦復隨人寢興。”嶷言次忽問王景文兄揩賢愚何如殷道矜,[3]瞻曰:“卿遂復言他人兄邪。”武帝笑稱嶷小名多王,[4]“汝兄愚，那得忽來王參軍此句”。瞻曰:“直恐如卿來談。”武帝銜之，未嘗形色。後歷黄門侍郎。

[1]劉彦節：劉秉。字彦節，本書避唐高祖李淵父李昞諱以字行。宋武帝中弟劉道憐孫，以宗室居顯職。本書卷一三、《宋書》卷五一有附傳。

[2]豫章王嶷：蕭嶷。字宣儼，齊高帝第二子。本書卷四二、《南齊書》卷二二有傳。

[3]揩：王揩。按，大德本、汲古閣本、殿本、百衲本同，中華本作“楷”。　殷道矜：陳郡長平（今河南西華縣）人，殷景仁子。事見本書卷二七《殷景仁傳》。

[4]多王：按，大德本、汲古閣本、殿本、百衲本同，中華本改作“阿玉”，其校勘記云:“‘阿玉’各本作‘多王’。錢大昕《廿二史考異》:‘嶷小名阿玉，見梁本紀，此文誤。’今據《梁書·武帝紀》改。”

及齊建元初,[1]瞻爲永嘉太守,[2]詣闕跪拜不如儀。武帝知之，召入東宫，仍送付廷尉殺之。命左右啓高帝曰:“父辱子死；王瞻傲朝廷，臣輒已收之。”高帝曰:“此何足計。”及聞瞻已死，乃默無言。

[1]建元：南朝齊高帝蕭道成年號（479—482）。

[2]永嘉：郡名。治永寧縣，在今浙江温州市。

玄謨從弟玄象，位下邳太守。[1]好發冢，地無完槨。人間垣内有小冢，墳上殆平，每朝日初升，見一女子立冢上，近視則亡。或以告玄象，便命發之。有一棺尚全，有金蠶、銅人以百數。剖棺見一女子，年可二十，姿質若生，卧而言曰："我東海王家女，應生，資財相奉，幸勿見害。"女臂有玉釧，破冢者斬臂取之，於是女復死。玄謨時爲徐州刺史，以事上聞，玄象坐免郡。

[1]下邳：郡名。治下邳縣，在今江蘇睢寧縣西北。

玄載字彦休，玄謨從弟也。父蕤，東莞太守。玄載仕宋，位益州刺史。沈攸之之難，[1]玄載起義，送誠於齊高帝，封鄂縣子。齊建元元年，爲左户尚書。永明四年，位兖州刺史，[2]卒官。謚烈子。

[1]沈攸之：字仲達，吴興武康（今浙江德清縣）人。後爲荆州刺史。時蕭道成專政，起兵反道成，兵敗而死。本書卷三七有附傳，《宋書》卷七四有傳。

[2]兖州：州名。治淮陰縣，在今江蘇淮安市淮陰區西南甘羅城。按，此是南朝齊北兖州。

玄載弟玄邈字彦遠，仕宋位青州刺史。齊高帝之鎮淮陰，[1]爲宋明帝所疑，乃北勸魏，[2]遣書結玄邈。玄邈長史房叔安進曰："夫布衣韋帶之士，銜一餐而不忘，義使之然也。今將軍居方州之重，託君臣之義，無故舉忠孝而棄之，三齊之士寧蹈東海死耳，不敢隨將軍也。"玄邈意乃定。仍使叔安使建鄴，發高帝謀。高帝於路執之，并求玄邈表。叔安答曰："寡君使表上天子，不上將軍。且僕之所言，利國家而不利將軍，無所應問。”荀伯玉勸殺之，[3]高帝曰：“物各爲主，無所責也。”玄邈罷州還，高帝塗中要之，玄邈嚴軍直過。還都，啓宋明帝，稱高帝有異謀，高帝不恨也。昇明中，[4]高帝引爲驃騎司馬、太山太守。玄邈甚懼，高帝待之如初。再遷西戎校尉、梁南秦二州刺史，封河陽縣侯，兄弟同時爲方伯。

[1]淮陰：縣名。治所在今江蘇淮安市淮陰區西南。宋明帝泰始二年（466）僑置兗州治此。

[2]勸：按，大德本、汲古閣本、百衲本同，殿本作“通”。

[3]荀伯玉：字弄璋，廣陵（今江蘇揚州市）人。後歸事蕭道成，爲其掌家事。本書卷四七、《南齊書》卷三一有傳。

[4]昇明：南朝宋順帝劉準年號（477—479）。

齊建元初，亡命李烏奴作亂梁部，玄邈使人僞降烏奴，告之曰：“王使君兵弱，攜愛妾二人已去矣。”烏奴喜，輕兵襲州城，玄邈奇兵破之。高帝聞之曰：“玄邈果不負吾。”[1]

[1]吾：按，大德本、殿本、百衲本同，汲古閣本作“我”。

延興元年，[1]爲中護軍。[2]明帝使玄邈往江州殺晋安王子懋，[3]玄邈苦辭不行，及遣王廣之往廣陵取安陸王子敬，[4]玄邈不得已奉旨。建武中，[5]卒於護軍，贈雍州刺史，謚壯侯。

[1]延興：南朝齊海陵王蕭昭文年號（494）。

[2]中護軍：官名。禁衛軍長官，略低於領軍將軍。資重者爲護軍將軍，資輕者爲中護軍。宋三品。齊官品不詳。

[3]晋安王子懋：蕭子懋。字雲昌，齊武帝第七子。本書卷四四、《南齊書》卷四〇有傳。

[4]王廣之：字士林，一字林之，沛郡相（今安徽濉溪縣）人。本書卷四六、《南齊書》卷二九有傳。　安陸王子敬：蕭子敬。字雲端，齊武帝第五子。本書卷四四、《南齊書》卷四〇有傳。按，陸，大德本、殿本、百衲本同，汲古閣本作“樂”。

[5]建武：南朝齊明帝蕭鸞年號（494—498）。

叔安字子仁，清河人。[1]高帝即位，懷其忠正，時爲益州司馬、寧蜀太守，就拜前將軍。方用爲梁州，會病卒。帝歎曰："叔安節義，古人中求之耳，恨不至方伯而終。"子長瑜，亦有義行，永明中，爲州中從事。

[1]清河：郡名。治清陽縣，在今河北清河縣東南。

論曰：自晋室播遷，來宅揚、越，關邊遥阻，汧、隴遐荒，[1]區甸分其内外，山河判其表裏。桓温一代英人，[2]志移晋鼎，自非兵屈霸上，戰衄枋頭，[3]則光宅之運，中年允集。宋武帝屈起布衣，[4]非藉人譽，一旦驅率烏合，奄興霸緒，功雖有餘而德猶未洽。非樹奇功於難立，震大威於四海，則不能成配天之業，一異同之心。故須外積武功，以收人望。及金墉請吏，元勳既立，心欲挂旆龍門，折衝冀、趙，跨功桓氏，取高昔人。方復觀兵崤、渭，陳師天嶮。及靈威薄震，重關自闢，故知英筭所包，先勝而後戰也。王鎮惡推鋒直指，前無彊陣，爲宋方叔，[5]其壯矣乎。朱齡石、超石、毛脩之、傅弘之等，以歸衆難固之情，逢英勇乘機之運，以至顛陷，爲不幸矣。脩之滑臺之守，有疏勒之難，[6]苟城節在焉，[7]所在爲重，其取榮大國，豈徒然哉。終假道自歸，首丘之義也。玄謨封狼之心，雖簡帝念；然天方相魏，人豈能支。宋氏以三吴之弱卒，當八州之勁勇，欲以邀勝，不亦難乎。蹙境亡師，固其宜也。觀夫慶之言，可謂達於時變。瞻傲佷不悔，卒至亡軀，然齊武追恨魚服，[8]匹夫懼矣。玄邈行己之度，有士君子之風乎。

[1]汧（qiān）：在今陝西隴縣東南。　隴：隴山綿亘陝、甘間，自陝西隴縣西南至甘肅清水縣，山高而長，隨地異名，有隴坻、隴首、隴阪等名。古爲關中地區西部屏障，有“秦雍咽喉”之稱。

[2]桓温：字元子，譙國龍亢（今安徽懷遠縣）人。東晋權臣。曾三次率軍北伐。擅權廢帝，意欲受禪自立，未遂而病死。《晋書》卷九八有傳。

[3]枋頭：地名。在今河南浚縣西南。魏晋南北朝時爲軍事要地。桓温北伐，於此被慕容垂戰敗。

[4]屈：按，大德本、汲古閣本、百衲本同，殿本作“崛”。

[5]方叔：西周周宣王時大臣。曾率兵車三千輛南征荆楚，北伐玁狁，有功於周。

[6]疏勒：城名。在今新疆吉木薩爾縣、奇臺縣一帶。東漢耿恭被匈奴圍攻，在此堅守數月。參見《後漢書》卷一九《耿恭傳》。

［7］城：按，大德本、百衲本同，汲古閣本、百衲本作“誠”。

［8］魚服：《文選》卷一〇晋潘岳《西征賦》：“彼白龍之魚服，挂豫且之密網。”比喻帝王或貴人微服。此處指齊武帝微時。

南史　卷一七

列傳第七

劉敬宣　劉懷肅 弟懷敬 懷慎　劉粹 族弟損　孫處
蒯恩　向靖 子柳　劉鍾　虞丘進　孟懷玉 弟龍符
胡藩　劉康祖 伯父簡之 簡之弟謙之 簡之子道產 道產子延孫

劉敬宣字萬壽，彭城人也。[1]父牢之，[2]晋鎮北將軍。敬宣八歲喪母，晝夜號泣，中表異之。輔國將軍桓序鎮蕪湖，[3]牢之參序軍事。四月八日，敬宣見衆人灌佛，[4]乃下頭上金鏡爲母灌像，因悲泣不自勝。序謂牢之曰："卿此兒非唯家之孝子，必爲國之忠臣。"

[1]彭城：郡名。治彭城縣，在今江蘇徐州市。

[2]牢之：劉牢之。字道堅。北府兵將領。《晋書》卷八四有傳。

[3]蕪湖：縣名。治所在今安徽蕪湖市。按，東晋安帝義熙年間省蕪湖入襄垣。

[4]灌佛：即浴佛。用各種名貴香料所浸之水灌洗佛像。相傳農曆四月八日爲釋迦牟尼的生日，每逢該日佛教信徒舉行這種

儀式。

起家王恭前軍參軍，[1]又參會稽世子元顯征虜軍事。[2]隆安二年，[3]王恭起兵京口，[4]以誅司馬尚之爲名，牢之時爲恭前軍司馬。恭以豪戚自居，甚相陵忽，牢之心不能平。及恭此舉，使牢之爲前鋒，牢之遣敬宣襲恭，敗之。元顯以敬宣爲後將軍諮議參軍。[5]

[1]王恭：字孝伯，太原晋陽（今山西太原市）人。東晋孝武帝皇后兄。《晋書》卷八四有傳。　參軍：官名。參軍事省稱。爲王府、公府、軍府、州府僚屬。

[2]元顯：司馬元顯。司馬道子子。東晋安帝時，與父並握朝政，權傾内外。同被桓玄所殺。《晋書》卷六四有附傳。

[3]隆安：東晋安帝司馬德宗年號（397—401）。

[4]京口：地名。在今江蘇鎮江市。

[5]諮議參軍：官名。晋代公府、軍府均置諮議參軍，取咨詢謀議軍事而名，位在列曹參軍上。

三年，孫恩爲亂，[1]牢之自表東討，敬宣請以騎傍南山趣其後。吴賊畏馬，又懼首尾受敵，遂大敗之，進平會稽。[2]遷後軍從事中郎。[3]

[1]孫恩：字靈秀，琅邪（今山東臨沂市）人。世奉五斗米道。爲起義軍領袖。《晋書》卷一〇〇有傳。

[2]會稽：郡名。治山陰縣，在今浙江紹興市。

[3]從事中郎：官名。東晋、南朝公府置。其職依時依府而異，或主吏，或分掌諸曹，或掌機密，或參謀議，地位較高，僅次於長

史、司馬。晋六品。

宋武帝既累破祅賊，[1]功名日盛，敬宣深相憑結。元顯進號驃騎，[2]敬宣仍隨府轉。元顯驕肆，群下化之，敬宣每預宴會，調戲無所酬答，元顯甚不悦。

[1]宋武帝：劉裕。時爲北府兵將領。本書卷一、《宋書》卷一至卷三有紀。

[2]驃騎：官名。驃騎將軍省稱。東晋、南朝居諸名號將軍之首，僅作爲軍府名號，加授大臣或重要州郡長官。晋二品。

元興元年，[1]牢之南討桓玄，[2]元顯爲征討大都督，日夜昏酣。牢之以道子昏闇，元顯淫凶，慮平玄之日，亂政方始；會玄遣信説牢之，牢之欲假手於玄誅執政，然後乘玄之隙，可以得志天下。將許玄降。敬宣諫恐玄威望既成，則難圖。牢之怒曰："吾豈不知今日取之如反覆手，但平後令我奈驃騎何？"遣敬宣爲任。[3]

[1]元興：東晋安帝司馬德宗年號（402—404）。

[2]桓玄：字敬道，譙國龍亢（今安徽懷遠縣）人，桓温子。《晋書》卷九九有傳。

[3]任：人質。

玄既得志，害元顯，廢道子，以牢之爲會稽太守。牢之與敬宣謀襲玄，期以明旦。爾日大霧，府門晚開，日旰，敬宣不至。牢之謂謀泄，欲奔廣陵，[1]而敬宣還京口迎家。牢之謂已爲玄禽，乃縊而死。敬宣奔喪，哭畢，就司馬休之、高雅之等俱奔洛陽，[2]往來長安，求救於姚興，[3]後奔慕容德。[4]

[1]廣陵：地名。在今江蘇揚州市。

[2]司馬休之：字季預。晋宗室。《晋書》卷三七有附傳。高雅之：劉牢之女婿。時任廣陵相。家世係北府將門樂安高氏，父高素被桓玄所殺。東晋安帝元興三年（404）南歸時，被南燕人追殺。

[3]姚興：字子略，羌族。十六國時後秦國主。在位二十三年（393—415）。《晋書》卷一一七、卷一一八有載記。

[4]慕容德：字玄明，鮮卑族。十六國時南燕國主。在位七年（398—404）。《晋書》卷一二七有載記。

敬宣素明天文，知必有興復晋室者。尋夢丸土服之，覺而喜曰："丸者，桓也，桓吞，吾當復本土乎。"乃結青州大姓諸省、封謀滅德，[1]推休之爲主。時德司空劉軌大被任，高雅之又要軌，謀泄，乃相與殺軌而去。會宋武帝平京口，手書召敬宣，即馳還，襲封武岡縣男，後拜江州刺史。[2]

[1]省：按，大德本、汲古閣本、殿本、百衲本同，中華本據《册府元龜》卷七五八改作"崔"，其校勘記云："按崔氏，青州大族。"

[2]江州：州名。治柴桑縣，在今江西九江市西南。

劉毅之少，[1]人或以雄桀許之。敬宣曰："此人外寬内忌，自伐而尚人，若一旦遭逢，當以陵上取禍。”毅聞深恨。及在江陵，知敬宣還，尋知爲江州，大駭惋。敬宣愈不自安。安帝反正，[2]自表求解。武帝恩款周洽，所賜莫與爲比。敬宣女嫁，賜錢三百萬，雜綵千匹。

[1]劉毅：字希樂，彭城沛（今江蘇沛縣）人。京口起兵推翻桓玄後，名位僅次於劉裕。後爲劉裕猜忌，劉裕率軍攻江陵，毅兵敗自縊身死。《晋書》卷八五有傳。

[2]安帝反正：指義熙元年（405）三月晋安帝復位。

帝方大相寵任，欲令立功。義熙三年，[1]表遣敬宣伐蜀。博士周祇諫，以爲“道遠運漕難繼，毛脩之家讎不雪，[2]不應以得死爲恨。劉敬宣蒙生存之恩，亦宜性命仰答。將軍欲驅二死之甘心，忘國家之重計，愚情竊所未安”。不從。假敬宣節，[3]監征蜀諸軍事。敬宣至黄武，[4]去成都五百里，食盡，遇疾疫而還。爲有司奏免官。

[1]義熙：東晋安帝司馬德宗年號（405—418）。

[2]毛脩之：字敬文，滎陽陽武（今河南原陽縣）人。初爲寧遠參軍。後以誘斬桓玄功，授右衛將軍。劉裕北伐後秦，遣戍洛陽。洛陽陷，爲夏赫連勃勃所俘，北魏滅夏，歸北魏，官至尚書。本書卷一六、《宋書》卷四八、《魏書》卷四三有傳。

[3]假敬宣節：假節在軍事行動中可以殺犯軍令者。

[4]黄武：城名。即黄虎。本書避唐高祖李淵祖父李虎諱改。在今四川射洪市東南。

五年，武帝伐慕容超，[1]除中軍諮議參軍，與兖州刺史劉藩大破超軍，進圍廣固，[2]屢獻規略。盧循逼建鄴，[3]敬宣分領鮮卑獸班突騎，[4]置陣甚整。循走，仍從南討，爲左衛將軍。敬宣寬厚，善待士，多伎藝，弓馬音律，無事不善。尚書僕射謝混美才地，[5]少所交納，與敬宣遇便盡禮。或問混："卿未嘗輕交，而傾蓋劉壽，[6]何也？"混曰："孔文舉禮太史子義，[7]天下豈有非之邪。"

[1]慕容超：字祖明，鮮卑族。十六國時南燕國主。在位六年（405—410）。《晋書》卷一二八有載記。

[2]廣固：城名。在今山東青州市西北。時爲南燕都城。

[3]盧循：字于先，小名元龍，范陽涿（今河北涿州市）人。孫恩妹夫。《晋書》卷一〇〇有傳。

[4]獸班：《宋書》卷四七《劉敬宣傳》"獸"作"虎"，本書避唐高祖李淵祖父李虎諱改。班，通"斑"。

[5]謝混：字叔源，小字益壽，謝安孫，東晋孝武帝婿。因與劉毅交厚，坐罪處死。《晋書》卷七九有附傳。

[6]劉壽：此指劉敬宣。劉敬宣字萬壽，不應簡稱劉壽。按，《宋書》卷四七《劉敬宣傳》作"萬壽"。

[7]孔文舉：孔融。字文舉，魯國（今山東曲阜市）人。《後漢書》卷七〇有傳。　太史子義：太史慈。字子義，東萊黄（今山東龍口市）人。《三國志》卷四九有傳。

初，敬宣蜀還，劉毅欲以重法繩之。武帝既相任待，又何無忌謂不宜以私憾傷至公。[1]毅雖止，獨謂武帝曰：[2]"平生之舊，豈可孤信？光武悔之於龐萌，[3]曹公失之於孟卓。[4]宜深慎之。”毅出爲荆州，謂敬宣曰：“欲屈卿爲長史、南蠻，豈有見輔意乎？”敬宣懼禍，以告武帝。帝笑曰：“但令老兄平安，必無過慮。”後領冀州刺史。[5]

[1]何無忌：東海郯（今山東郯城縣）人，劉牢之甥。與劉裕起兵討桓玄，任江州刺史。盧循攻建康，領兵拒戰，失利被殺。《晋書》卷八五有傳。

[2]獨：按，大德本同，汲古閣本、殿本、百衲本、中華本作“猶”。

[3]龐萌：東漢初年將領，以猜疑反叛。《後漢書》卷一二有傳。

[4]孟卓：張邈。字孟卓。少與曹操爲友，後叛曹操。《三國志》卷七有附傳。

[5]冀州：雙頭州名。治東陽城，在今山東青州市。按，《宋書》卷四七《劉敬宣傳》：“出爲使持節、督北青州軍郡事、征虜將軍、北青州刺史，領清河太守，尋領冀州刺史。”《資治通鑑》卷一一七《晋紀三十九》安帝義熙十一年作：“青、冀二州刺史劉敬宣。”雙頭州郡常以單稱形式出現，如青、冀二州單稱青州或冀州（參見胡阿祥《六朝疆域與政區研究》，學苑出版社 2005 年版，第 328 頁）。

時帝西討劉毅，豫州刺史諸葛長人監太尉軍事，[1]貽敬宣書曰：“盤龍狠戾專恣，[2]自取夷滅。異端將盡，世路方夷，富貴之事，相與共之。”敬宣報曰：“下官常懼福過災生，實思避盈居損。富貴之旨，非所敢當。”便以長人書呈，帝謂王誕曰：[3]“阿壽故爲不負我。”

[1]諸葛長人：即諸葛長民，本書避唐太宗李世民諱改，琅邪陽都（今山東沂南縣）人。亦是京口起兵的舊人。《晋書》卷八五有傳。

[2]盤龍：劉毅的小字。

[3]王誕：字茂世，琅邪臨沂（今山東臨沂市）人。隨劉裕南北征討，官至吴國内史。本書卷二三、《宋書》卷五二有傳。

十一年，進號右軍將軍。[1]時晋宗室司馬道賜爲敬宣參軍。會武帝西征司馬休之，而道賜乃陰結同府辟閭道秀、左右小將王猛子等謀反。道賜自號齊王，規據廣固，舉兵應休之。猛子取敬宣刀殺敬宣，文武佐吏即討道賜、道秀、猛子斬之。先是敬宣嘗夜與僚佐宴，空中有投一隻芒屩於坐，[2]墜敬宣食盤上，長三尺五寸，已經人著，耳鼻間並欲壞，頃之而敗。喪至，武帝臨哭甚哀。子光祖嗣。宋受禪，國除。

[1]右軍將軍：按，《宋書》卷四七《劉敬宣傳》作“右將軍”。高敏《南北史掇瑣》疑本書此句原本應爲“進號右將軍”，後衍“軍”字（中州古籍出版社2003年版，第94頁）。

[2]芒屩：即芒鞋。

劉懷肅，彭城人，宋武帝從母兄也。[1]家世貧窶，而躬耕好學。仕晋爲費令。[2]及聞武帝起義，棄縣來奔。

[1]從母兄：母親姊妹之子。即姨表兄弟。

[2]費：縣名。治所在今江蘇南京市。南朝宋文帝元嘉十五年（438）廢。

義熙元年，爲輔國將軍、淮南歷陽二郡太守。[1]二年，入領劉毅撫軍司馬，[2]以建義功，封東興縣侯。其冬，桓石綏、司馬國璠、陳襲於胡桃山聚衆爲寇，[3]懷肅討破之。江、淮間群蠻及桓氏餘黨爲亂，懷肅自請討之，及行失旨，毅上表免懷肅官。三年卒，追贈左將軍。無子，弟懷慎以子蔚祖嗣，位江夏内史。[4]

[1]輔國將軍：官名。將軍名號。晋三品。　淮南歷陽：雙頭郡名。二郡合一，共一太守。治所在今安徽當塗縣東南。

[2]入：按，汲古閣本、殿本、百衲本作“又”。

[3]桓石緩：按，汲古閣本、殿本、百衲本作“桓石綏”。應作“桓石綏”。桓石綏，《晋書》卷七四有附傳。　胡桃山：山名。在今安徽和縣西北。

[4]江夏：郡名。治夏口城，在今湖北武漢市武昌區。　内史：官名。掌民政，相當於郡太守。

蔚祖卒，子道存嗣，位太尉江夏王義恭諮議參軍。[1]孝武伐元凶，[2]道存出奔義軍，元凶乃殺其母以徇。景和中，[3]爲義恭太宰從事中郎。義恭敗，以黨與下獄死。

[1]江夏王義恭：劉義恭。宋武帝第五子。本書卷一三、《宋書》卷六一有傳。

[2]元凶：指劉劭。宋文帝太子。本書卷一四、《宋書》卷九九有傳。

[3]景和：南朝宋前廢帝劉子業年號（465）。

懷肅次弟懷敬，澀訥無才能。初，武帝産而皇妣殂，孝皇帝貧薄，無由得乳人，議欲不舉，[1]帝從母生懷敬，未朞，[2]乃斷懷敬乳而自養帝。帝以舊恩，懷敬累見寵授，至會稽太守。時以爲速，武帝曰："亡姨於我恩重，此何可忘？"歷尚書，金紫光禄大夫。[3]

[1]舉：撫育。《史記》卷七五《孟嘗君列傳》："文以五月五日生。嬰告其母曰：'勿舉也。'其母竊舉生之。"

[2]朞（jī）：一周年。

[3]金紫光禄大夫：官名。指光禄大夫加賜金章紫綬者。

懷敬子真道爲錢唐令，[1]元嘉十三年，[2]東土飢，帝遣揚州中從事史沈演之巡行在所，[3]演之表真道及餘杭令劉道錫有美政。上嘉之，各賜穀千斛，以真道爲步兵校尉。

[1]錢唐：縣名。治所在今浙江杭州市。

[2]元嘉：南朝宋文帝劉義隆年號（424—453）。

[3]中從事史：官名。即治中從事史，本書避唐高宗李治諱省"治"字。爲州刺史的上佐，掌文書案卷等。宋六品。　沈演之：字臺真，吴興武康（今浙江德清縣）人。累遷至侍中、右衛將軍。本書卷三六、《宋書》卷六三有傳。

十四年，出爲梁、南秦二州刺史。[1]十八年，氐帥楊難當侵寇漢中，[2]真道討破之，而難當寇盗猶不已，文帝遣龍驤將軍裴方明率禁兵五千，[3]受真道節度。十九年，方明至武興，[4]率太子積弩將軍劉康祖等進軍，大致剋捷，以真道爲建威將軍、雍州刺史，方明輔國將軍、梁南秦二州刺史。又詔故晋壽太守姜道盛殞身鋒鏑，可贈給事中，賜錢十萬。道盛注《古文尚書》行於世。[5]真道、方明並坐破仇池斷割金銀諸雜寶貨，[6]又藏難當善馬，下獄死。

[1]梁、南秦：雙頭州名。治南鄭縣，在今陝西漢中市東。

[2]楊難當：南北朝時氐族首領。事見本書卷七九《武興傳》、《宋書》卷九八《氐胡傳》。

[3]裴方明：河東（今山西夏縣）人。初爲益州刺史劉道濟中兵參軍，在蜀立功，後爲龍驤將軍。宋文帝元嘉十九年（442）率部攻滅仇池國。以貪占仇池金銀寶貨，獲罪被殺。事見《宋書》卷四七《劉懷肅傳》。

[4]武興：地名。在今陝西略陽縣。

[5]道盛注《古文尚書》行於世：《隋書·經籍志一》著録《集釋尚書》十一卷，南朝宋給事中姜道盛注。

[6]寶：按，大德本、殿本、百衲本同，汲古閣本無此字。

懷敬弟懷慎，少謹慎質直。從宋武帝征討，位徐州刺史。爲政嚴猛，境内震肅。以平廣固、盧循功，封南城縣男。十二年，武帝北伐，以爲中領軍、征虜將軍，[1]宿衛輦轂。坐府内相殺免官。雖名位轉優，而恭恪愈至。每所之造，位任不踰己者，皆束帶門外下車，其謹退類如此。

[1]中領軍：官名。東晋、南朝時掌禁衛軍及京都諸軍，爲禁

衛軍最高統帥。資深者稱領軍將軍，資淺者爲中領軍。晋三品。

永初元年，[1]以佐命功，進爵爲侯，位五兵尚書，[2]加散騎常侍、光禄大夫。[3]景平元年，[4]遷護軍將軍。[5]禄賜班於宗族，家無餘財，卒謚肅侯。

［1］永初：南朝宋武帝劉裕年號（420—422）。

［2］五兵尚書：官名。主管全國軍事行政。宋三品。隋以後改置兵部尚書。

［3］散騎常侍：官名。東晋時參掌機密，選望甚重，職任比於侍中。南朝隸屬集書省，掌管圖書文翰。地位驟降，用人漸輕。宋三品。　光禄大夫：官名。作爲在朝顯職的加官，無具體職掌。宋三品。

［4］景平：南朝宋少帝劉義符年號（423—424）。

［5］護軍將軍：官名。禁衛軍長官，略低於領軍將軍。資重者爲護軍將軍，資輕者爲中護軍。宋三品。

子德願嗣。大明初，[1]爲游擊將軍，[2]領石頭戍事。[3]坐受賈客韓佛智貨，下獄奪爵。後爲秦郡太守。[4]德願性麤率，爲孝武狎侮。上寵姬殷貴妃薨，葬畢，數與群臣至殷墓。謂德願曰："卿哭貴妃若悲，當加厚賞。"德願應聲便號慟，撫膺擗踴，涕泗交流。上甚悦，以爲豫州刺史。[5]又令醫術人羊志哭殷氏，志亦嗚咽。他日有問志："卿那得此副急淚？"志時新喪愛姬，答曰："我爾日自哭亡妾耳。"志滑稽，善爲諧謔，上亦愛狎之。

［1］大明：南朝宋孝武帝劉駿年號（457—464）。

[2]游擊將軍：官名。南朝爲禁軍將領，掌宿衛之任。宋四品。

[3]領石頭戍事：東晋末劉裕專權時設立，負責石頭城的戍守。所統以水軍爲主。一般以他官兼領。

[4]秦郡：僑郡名。治秦縣，在今江蘇南京市六合區。

[5]豫州：僑州名。治壽春縣，在今安徽壽縣。

德願善御車，嘗立兩柱，使其中劣通車軸，[1]乃於百餘步上振轡長驅，未至數尺，打牛奔從柱間直過，其精如此。孝武聞其能，爲之乘畫輪車，幸太宰江夏王義恭第。德願岸著籠冠，短朱衣，執轡進止，甚有容狀。永光中，[2]爲廷尉，與柳元景厚善。[3]元景敗，下獄誅。

[1]劣：僅，稍。

[2]永光：南朝宋前廢帝劉子業年號（465）。

[3]柳元景：字孝仁，河東解（今山西臨猗縣）人。本書卷三八、《宋書》卷七七有傳。　厚善：友善，交好。

懷慎庶長子榮祖，少好騎射，爲武帝所知。及盧循攻逼，時賊乘小艦入淮拔栅，武帝宣令三軍不得輒射賊。榮祖不勝憤怒，冒禁射之，所中應弦而倒，帝益奇焉。[1]以戰功，參太尉軍事，從討司馬休之。彭城内史徐逵之敗没，[2]諸將意沮，榮祖請戰愈厲，上乃解所著鎧授之。榮祖陷陣，身被數創。及帝北伐，轉鎮西中兵參軍。[3]水軍入河，與朱超石大破魏軍於半城。[4]帝大饗戰士，謂榮祖曰："卿以寡剋衆，攻無堅城，雖古名將何以過此。"永初中，爲輔國將軍。追論平城功，[5]賜爵都鄉侯。榮祖爲人輕財貴義，善撫將士；然性褊，頗失士君子心。卒于官。

[1]益：按，大德本、殿本、百衲本同，汲古閣本作“亦”。

[2]徐逵之：東海郯（今山東郯城縣）人，娶劉裕長女。本書卷一五有附傳，事見《宋書》卷七一《徐湛之傳》。

[3]鎮西：按，大德本、殿本、百衲本同，汲古閣本作“征西”。

[4]朱超石：沛郡沛（今江蘇沛縣）人，朱齡石弟。晋安帝義熙十四年（418）出使關中，適關中陷落，與兄齡石一起被殺。本書卷一六、《宋書》卷四八有附傳。　半城：即畔城，在今山東聊城市西。按，《魏書》卷三五《崔浩傳》、《資治通鑑》卷一一八《晋紀四十》作“畔城”，胡三省注云：“魏收《地形志》平原郡聊城縣有畔城。”

[5]平：按，大德本、殿本同，汲古閣本、百衲本、中華本作“半”。

懷慎弟懷默，江夏内史。子孫登，武陵内史。[1]孫登子亮，少工刀楯，以軍功封順陽縣侯，歷梁、益二州刺史。[2]在任廉儉，所得公禄，悉以還官，宋明帝下詔褒美。亮在梁州忽服食，欲致長生，迎武當山道士孫懷道使合仙藥，藥成，服之而卒。及就斂，屍弱如生。謚曰剛侯。

[1]武陵：郡名。治臨沅縣，在今湖南常德市。

[2]益：州名。治成都縣，在今四川成都市。

孫登弟道降，[1]前廢帝景和中，位右衛將軍，[2]封永昌縣侯，委以腹心之任。泰始初，[3]又爲明帝盡力，遷左衛將軍、中護軍。賜死，事在《建安王休仁傳》。

[1]降：按，大德本同，汲古閣本、殿本、百衲本作“隆”。“降”誤，與“隆”形近致訛。

[2]右衛將軍：官名。隸屬領軍將軍（中領軍），掌宫廷宿衛營兵。位在左衛將軍下。宋四品。

[3]泰始：南朝宋明帝劉彧年號（465—471）。

劉粹字道沖，沛郡蕭人也。家在京口。初爲州從事，從宋武帝平建鄴，征廣固，以功封西安縣五等侯。[1]累遷中軍諮議參軍。盧循之逼，京口任重，文帝時年四歲，武帝使粹奉文帝鎮京口。後爲江夏相。

[1]西安縣五等侯：所謂五等，非指公侯伯子男之五等級。此制之行，祇在東晋末劉裕執政時及南朝宋初年。錢大昕説五等之封但假虛號，未有食邑，蓋出一時權益之制（參見周一良《魏晋南北朝史札記》，中華書局1985年版，第157頁）。

族兄毅貳於武帝，粹不與毅同而盡心武帝。帝將謀毅，衆並疑粹在夏口，帝愈信之。及大軍至，竭其誠力。事平，封灄縣男。[1]永初元年，以佐命功，改封建安縣侯。文帝即位，爲雍州刺史，[2]加都督。[3]

[1]灄縣男：大德本、汲古閣本、殿本、百衲本同，中華本據《宋書》卷四五《劉粹傳》改作“灄陽縣男”。錢大昕《廿二史考

異》卷二四云:"《州郡志》江夏郡有灄陽縣,《徐羡之傳》作'灄陽縣男'。"

[2]雍州:僑州名。治襄陽縣,在今湖北襄陽市。

[3]都督:官名。地方軍政長官。魏晋以後,都督諸州軍事多兼任駐地州刺史,爲該地區的軍政長官。分使持節、持節、假節三種,職權各有不同。

元嘉三年,討謝晦。[1]初,晦與粹善,以粹子曠之爲參軍,至是帝甚疑之。王弘曰:[2]"粹無私,必無憂也。"及受命南討,一無所顧。文帝以此嘉之。晦亦不害曠之,遣還。粹尋卒,曠之嗣。

[1]謝晦:字宣明,陳郡陽夏(今河南太康縣)人。後任荆州刺史,因挾重兵居藩鎮,爲朝廷所忌,遂擁兵作亂,兵敗被誅。本書卷一九、《宋書》卷四四有傳。

[2]王弘:字休元,琅邪臨沂(今山東臨沂市)人。琅邪王氏代表人物。本書卷二一、《宋書》卷四二有傳。

粹弟道濟,位益州刺史,任長史費謙等聚斂,傷政害人。初,晋末有司馬飛龍者,自稱晋宗室,走仇池。[1]元嘉九年,聞道濟綏撫失和,遂自仇池入綿竹爲亂,[2]道濟遣軍討斬之。先是道濟以五城人帛氐奴、梁顯爲參軍督護,[3]費謙固執不與;遠方商人至者,謙又抑之。商旅呼嗟,百姓咸欲爲亂,氐奴等因聚黨爲盜,及趙廣等詐言司馬殿下猶在陽泉山中。[4]蜀土僑舊翕然並反,奉道人程道養,言是飛龍。道養,枹罕人也。[5]趙廣改名爲龍興,號爲蜀王、車騎大將軍、益梁二州牧，建號泰始元年，備置百官，以道養弟道助爲驃騎將軍、長沙王，鎮涪城。[6]廣自號鎮軍將軍，帛氏奴爲征虜將軍，梁顯爲鎮北將軍，[7]奉道養圍成都。道濟遣中兵參軍裴方明頻破之。

[1]仇池：山名。爲氐族楊氏根據地。在今甘肅成縣西。又名百頃山。

[2]綿竹：按，大德本同，汲古閣本、殿本、百衲本作“綿竹”。“綿竹”誤，“綿”與“綿”形近致訛。綿竹，縣名。治所在今四川德陽市北。

[3]五城：縣名。治所在今四川中江縣東南。南朝宋改爲伍城縣。　參軍督護：官名。王公軍府屬官。南朝宋時始不領營兵。地位較低，在長兼行參軍之下。

[4]趙廣：五城人趙廣與下文的張尋，是益州地區起事的實際領導人。　陽泉：縣名。治所在今四川德陽市旌陽區孝泉鎮。

[5]抱罕：縣名。亦作枹罕。治所在今甘肅臨夏市西南。

[6]涪城：縣名。治所在今四川綿陽市東涪江東岸。

[7]鎮北：按，大德本、百衲本同，汲古閣本、殿本作“征北”。

十年正月，賊復大至，攻逼成都，道濟卒，方明等共埋尸於後齋，使書與道濟相似者爲教。酬答籤疏，[1]不異常日，雖母妻不知也。二月，道養升壇郊天，方就柴燎，方明擊，大敗之。[2]會平西將軍臨川王義慶使巴東太守周籍之帥衆援成都，[3]廣等屯據廣漢，[4]分守郪川。[5]籍之與方明攻郪，[6]克之。方明禽僞驃騎將軍司馬龍伸，斬之。龍伸即道助也。涪、蜀皆平。

[1]箋疏：箋呈和疏奏。泛指公文。

[2]敗：按，大德本、殿本、百衲本同，汲古閣本作“破”。

[3]臨川王義慶：劉義慶。宋武帝侄。以荆州刺史都督荆、雍、益、寧、梁、南北秦七州軍事，益州爲其管轄範圍。本書卷一三、《宋書》卷五一有附傳。

[4]廣漢：郡名。治雒縣，在今四川廣漢市北。

[5]郫（pí）川：水名。自今四川都江堰市東南過成都市，折西南，至彭山縣入岷江。

[6]郫：縣名。治所在今四川成都市郫都區。

俄而張尋攻破陰平，[1]復與道養合，逃于郪山，[2]其餘群賊出爲盜不絶。文帝遣寧朔將軍蕭江之討之。[3]十四年，餘黨乃平，遷趙廣、張尋等於建鄴。十六年，廣、尋復與國山令司馬敬琳謀反，[4]伏誅。

[1]陰平：僑縣名。治所在今四川江油市東北。

[2]郪山：山名。在今四川中江縣東南。《資治通鑑》卷一二二《宋紀四》文帝元嘉十年胡三省注云：“廣漢郪縣之山也。”

[3]蕭江之：按，大德本同，汲古閣本、殿本、百衲本“江”作“汪”。按，據本書卷一八《蕭思話傳》、《宋書》卷七八《蕭思話傳》，應作“蕭汪之”。

[4]國山：縣名。治所在今江蘇宜興市西南。

粹族弟損字子騫，衛將軍毅從父弟也。父鎮之字仲德，以毅貴顯，閑居京口，未嘗應召。常謂毅，“汝必破我家”。毅甚畏憚，每還京口，未嘗敢以羽儀入鎮之門。[1]左光禄大夫徵，[2]不就，卒於家。損元嘉中爲吴郡太守，[3]至昌門，便入太伯廟。[4]時廟室頹毀，垣墻不脩，損愴然曰："清塵尚可髣髴，衡宇一何摧頹！"即令脩葺。卒，贈太常。

[1]羽：按，大德本、汲古閣本、百衲本同，殿本作"華"。

[2]左光禄大夫徵：按，大德本、汲古閣本、百衲本同，中華本據《通志》卷一三一補作"以左光禄大夫徵"。

[3]吴郡：郡名。治吴縣，在今江蘇蘇州市。

[4]太伯：姬姓。周太王子，季歷兄。周太王想將王位傳於季歷及其子昌，太伯與弟仲雍逃奔至荆蠻，文身斷髪，改從當地習俗，成爲該地君長。是吴國的始祖。

損同郡宗人有劉伯龍者，少而貧薄，及長，歷位尚書左丞，[1]少府，[2]武陵太守，貧寠尤甚。常在家慨然，召左右將營十一之方，[3]忽見一鬼在傍撫掌大笑。[4]伯龍歎曰："貧窮固有命，乃復爲鬼所笑也。"遂止。

[1]尚書左丞：官名。尚書省佐官，居尚書右丞上。輔助令、僕射總理臺事，並職掌糾察彈劾。宋六品。

[2]少府：官名。亦爲官署名。南朝時職掌宫廷手工業等事務。宋三品。

[3]十一之方：指經商獲利。

[4]忽：按，大德本、汲古閣本、百衲本同，殿本無此字。

孫處字季高，會稽永興人也。[1]籍注字，故以字行。少任氣，武帝征孫恩，季高樂從。及平建鄴，封新番縣五等侯。[2]盧循之難，武帝謂季高曰："此賊行破，非卿不能破其窟穴。”即遣季高泛海襲番禺，[3]拔之。循父嘏、長史孫建之、司馬虞尫夫等輕舟奔始興，[4]即分遣振武將軍沈田子等討平嶺表諸郡。[5]循於左里走還襲廣州，[6]季高破走之。義熙七年，季高卒，追贈南海太守，封候官縣侯。九年，武帝表贈交州刺史。

[1]永興：縣名。治所在今浙江杭州市蕭山區。

[2]新番：按，大德本、汲古閣本、殿本、百衲本同，中華本據《宋書》卷四九《孫處傳》改作“新夷”，其校勘記云：“按《宋》《齊・州郡志》有新夷縣，屬廣州新會郡，無新番縣，今據改。”

[3]番禺：縣名。治所在今廣東廣州市。時爲南海郡治。

[4]始興：郡名。治曲江縣，在今廣東韶關市東南。

[5]沈田子：字敬光，吴興武康（今浙江德清縣）人。本書卷五七、《宋書》卷一〇〇有附傳。

[6]左里：城名。東晋盧循所築，在今江西都昌縣左里鎮。

蒯恩字道恩，蘭陵承人也。[1]武帝征孫恩，縣差恩伐馬芻，常負大束，兼倍餘人。每捨芻於地，歎曰：“大丈夫彎弓三石，奈何充馬士。”武帝聞之，即給器仗。自征妖賊，常爲先登，膽力過人，甚見愛信。於婁縣戰，[2]箭中右目。平京城，定建鄴，以軍功封都鄉侯。從伐廣固，破盧循，隨劉藩追斬徐道覆，[3]與王鎮惡襲江陵，[4]隨朱齡石伐蜀，[5]又從伐司馬休之。自從征討，凡百餘戰，身被重創。武帝録其前後功，封新寧縣男。

[1]蘭陵：郡名。治承縣，在今山東棗莊市東南。　承：縣名。

治所在今山東棗莊市東南。

[2]婁縣：縣名。治所在今江蘇昆山市東北。

[3]劉藩：劉毅從弟。京口起兵後，任兗州刺史。晉安帝義熙八年（412），被劉裕所殺。　徐道覆：盧循姐夫。後勸盧循襲取建康，大舉攻晉。兵敗後逃至始興被殺。事見《晉書》卷一〇〇《盧循傳》。

[4]王鎮惡：北海劇（今山東壽光市）人。前秦相王猛之孫。爲劉裕部將，晉安帝義熙十二年北伐後秦，率部先攻入長安。性貪財聚斂，居功自傲，爲諸將忌殺。宋朝建立，追謚壯侯。本書卷一六、《宋書》卷四五有傳。

[5]朱齡石：字伯兒，沛郡沛（今江蘇沛縣）人。家世代爲將帥。本書卷一六、《宋書》卷四八有傳。

武帝北伐，留恩侍衛世子，命朝士與之交。恩益自謙損，與人語常呼位官，[1]自稱鄙人，撫士卒甚有恩紀。世子開府，再遷爲司馬。後入關迎桂陽公義真，[2]没於赫連勃勃。[3]傳國至孫，無子，國除。

[1]位官：按，大德本、汲古閣本、殿本、百衲本同，中華本據《册府元龜》卷八六四改作“官位”。

[2]義真：劉義真。宋武帝第二子。本書卷一三、《宋書》卷六一有傳。

[3]赫連勃勃：字屈子，匈奴族鐵弗部人。十六國時夏國主。《晉書》卷一三〇有載記，事亦見《魏書》卷九五《鐵弗劉虎傳》。

向靖字奉仁，小字彌，河内山陽人也。[1]名與武帝祖諱同，故以小字行。靖與武帝有舊，[2]從平京城，[3]參建武軍事，進平建鄴，以功封山陽縣五等侯。又從征廣固，討盧循，所在著績，封安南縣男。武帝西伐司馬休之，征關中，並見任使。及帝受命，以佐命功，封曲江縣侯，位太子左衛率，[4]加散騎常侍。卒于官。

[1]河内：郡名。治野王縣，在今河南沁陽市。　山陽：縣名。治所在今河南焦作市東南。

[2]靖：按，大德本、百衲本同，汲古閣本、殿本作"彌"。

[3]京城：東漢末、三國吴時稱爲京城，後稱京口。在今江蘇鎮江市。爲長江下游軍事重鎮。

[4]太子左衛率：官名。掌東宫護衛。宋五品。

彌立身儉約，不營室宇，無園田商貨之業，時人稱之。

子植嗣，多過失，不受母訓，奪爵。更以植次弟禎紹封，[1]又坐殺人，國除。

[1]禎：大德本、百衲本同，汲古閣本、殿本作"楨"。按，下文又作"楨"，據其兄名"植"、弟名"柳"，疑應作"楨"。

楨弟柳字玄季，有學義才能，立身方雅。太尉袁淑、司空徐湛之、東揚州刺史顔竣皆與友善。[1]及竣貴，柳猶以素情自許，不推先之。順陽范璩誡柳曰："名位不同，禮有異數，卿何得作曩時意邪？"柳曰："我與士遜心期久矣，豈可一旦以勢利處之。"及柳爲南康郡，[2]涉義宣事敗，[3]繫建康獄。屢密請竣，求相申救。孝武嘗與竣言及柳事，竟不助之。柳遂伏法。

[1]袁淑：字陽源，陳郡陽夏（今河南太康縣）人。歷任宣城太守、尚書吏部郎、御史中丞、太子左衛率。太子劉劭將弑宋文帝，不從被殺。本書卷二六有附傳，《宋書》卷七〇有傳。 徐湛之：字孝源，東海郯（今山東郯城縣）人，宋武帝外孫。以廢立事爲劉劭所害。本書卷一五有附傳，《宋書》卷七一有傳。 顔竣：字士遜，琅邪臨沂（今山東臨沂市）人，顔延之子。本書卷三四有附傳，《宋書》卷七五有傳。

[2]南康：郡名。治贛縣，在今江西贛州市東北。

[3]義宣：劉義宣。宋武帝第六子。本書卷一三、《宋書》卷六八有傳。

璩字伯玉，平北將軍汪曾孫也，[1]位淮南太守。[2]

[1]汪：范汪。字玄平，南陽順陽（今河南淅川縣）人。《晉書》卷七五有傳。

[2]淮南：僑郡名。治于湖縣，在今安徽當塗縣。

劉鍾字世之，彭城人也。少孤，依鄉人中山太守劉回共居，常慷慨於貧賤。從宋武帝征伐，盡其心力。及義旗建，帝拔鍾爲郡主簿，[1]曰："豫是彭城鄉人赴義者，並可依劉主簿。"於是立義隊，連戰皆捷。及桓謙屯于東陵，[2]卞範之屯覆舟山西，[3]武帝疑賊有伏兵，顧左右，政見鍾，謂曰："此山下當有伏兵，卿可往探之。"鍾馳進，果有伏兵，一時奔走。後除南齊國内史，封安丘縣五等侯。求改葬父祖及親屬十喪，帝厚加資給。

[1]拔：按，殿本同，大德本、汲古閣本、百衲本作“板”。板，不由吏部正式任命，而由地方軍政長官自行選用的官職。　主簿：官名。典領文書簿籍，經辦事務。

[2]東陵：晋東陵。在今江蘇南京市東北，覆舟山東麓。

[3]覆舟山：山名。即今九華山。在今江蘇南京市城區東北，太平門内西側。

從征廣固，孟龍符於陣陷没，鍾直入取其屍而反。盧循逼建鄴，鍾拒栅，身被重創，賊不得入。循南走，鍾又隨劉藩追徐道覆，斬之。

後隨朱齡石伐蜀爲前鋒，去成都二百里，鍾于時脚疾，齡石乃詣鍾，謀且欲養鋭息兵，以伺其隙。鍾曰：“不然，前揚言大衆向内水，[1]譙道福不敢捨涪城，今重軍卒至，出其不意，蜀人已破膽矣。賊今阻兵守險，是其懼不敢戰，非能持久也。因其兇懼攻之，其勢必剋；若緩兵，彼將知人虚實，當爲蜀子虜耳。”齡石從之，明日，陷其二城，徑平成都。以廣固功，封永新縣男。[2]

[1]内水：亦稱内江。即今四川之涪江。

[2]永新縣男：封爵名。永新，縣名。治所在今江西永新縣。

十二年，武帝北伐，鍾居守。累遷右衛將軍。元熙元年卒。[1]傳國至孫，齊受禪，國除。

[1]元熙：東晋恭帝司馬德文年號（419—420）。

虞丘進字豫之，東海郯人也。[1]少時隨謝玄，謝玄討苻堅有功，[2]封關内侯。[3]後從宋武帝征孫恩，頻戰有功。從定建鄴，除燕國内史，封龍川縣五等侯。

[1]東海：郡名。治郯縣，在今山東郯城縣。 郯：縣名。治所在今山東郯城縣。

[2]少時隨謝玄，謝玄討苻堅有功：按，大德本、汲古閣本、百衲本同，殿本不疊“謝玄”。苻堅，字永固，名文玉，氐族。十六國時前秦國主。在位二十八年（357—384）。《晋書》卷一一三、卷一一四有載記。

[3]關内侯：次於列侯，衹有俸禄而無封地。

及盧循逼都，孟昶等議奉天子過江，[1]進廷議不可，面折昶等，武帝甚嘉之。除鄱陽太守。[2]後隨劉藩斬徐道覆。義熙九年，以前後功，封望蔡縣男。永初二年，累遷太子右衛率。[3]卒，追論討司馬休之功，進爵爲子。傳國至曾孫，齊受禪，國除。

[1]孟昶：字彦達，城陽平昌（今山東諸城市）人。桓玄稱帝，與劉裕起兵征討，盡散家財以供軍糧。拜丹陽尹，累遷吏部尚書、尚書右僕射。晋安帝義熙六年（410）盧循起事，晋軍累敗，遂自殺。事見《晋書》卷一〇《安帝紀》、《宋書》卷一《武帝紀上》等。

[2]鄱陽：郡名。治廣晋縣，在今江西鄱陽縣石門街鎮。

[3]太子右衛率：官名。掌東宫護衛。宋五品。

孟懷玉，平昌安丘人也，[1]世居京口。宋武帝東伐孫恩，以爲建武司馬。豫義旗，從平京口，定建鄴，以功封鄱陽縣五等侯。[2]盧循逼都，以戰功爲中書諮議參軍。[3]循平，封陽豐縣男，[4]位江州刺史、南中郎將。[5]卒官。無子，國除。

［1］平昌：郡名。治安丘縣，在今山東安丘市西南。　安丘：縣名。治所在今山東安丘市西南。

［2］以功封鄱陽縣五等侯：按，《宋書》卷四七《孟懷玉傳》無“五等”二字，下又云“食邑千户”，若是五等侯，則食邑不得有千户，此當從《宋書·孟懷玉傳》（參見馬宗霍《南史校證》，湖南教育出版社 2008 年版，第 315 頁）。

［3］中書：按，大德本、汲古閣本、百衲本同，中華本據《宋書·孟懷玉傳》改作“中軍”。

［4］陽豐縣男：封爵名。陽豐，縣名。治所在今江西永豐縣西北。馬宗霍《南史校證》云：“此之又封，是加一封爵。本封爲侯爵，故食邑多，加封爲男爵，故食邑少。一人兼有兩爵，子孫可以分襲，史頗有之。”（第 315 頁）

［5］南中郎將：官名。南朝多帥師征戰，職權頗重。宋四品。

懷玉弟龍符，驍果有膽氣，早爲武帝所知，以軍功封平昌縣五等子。從伐廣固，以車騎將軍加龍驤將軍、廣川太守。[1]乘勝追奔，被圍見害，追贈青州刺史，封臨沅縣男。

［1］車騎將軍：按，大德本、汲古閣本、殿本、百衲本同，中華本改“將軍”作“參軍”，其校勘記云：“‘參軍’各本作‘將軍’。按宋車騎將軍位二品，龍驤將軍位三品。孫彪《宋書考論》：

‘將軍當是參軍之誤。’今從改。”

胡藩字道序，豫章南昌人也。[1]少孤，居喪以毁聞。太守韓伯見之，謂藩叔尚書少廣曰：“卿此侄當以義烈成名。”州府辟不就，須二弟冠婚畢，乃參郗恢征虜軍事。[2]時殷仲堪爲荆州刺史，[3]藩外兄羅伭生爲仲堪參軍。[4]藩過江陵省伭生，因説仲堪曰：“桓玄意趣不常，節下崇待太過，非將來計也。”仲堪不悦。藩退謂企生曰：“倒戈授人，必至大禍，不早去，後悔無及。”後玄自夏口襲仲堪，藩參玄後軍軍事。仲堪敗，企生果以附從及禍。

[1]豫章：郡名。治南昌縣，在今江西南昌市。　南昌：縣名。治所在今江西南昌市。

[2]郗恢：按，大德本、汲古閣本、殿本同，百衲本“恢”作“恢”。按，作“恢”是。郗恢，高平金鄉（今山東嘉祥縣）人，郗曇子。《晋書》卷六七有附傳。

[3]殷仲堪：陳郡長平（今河南西華縣）人。與桓玄發生内訌，爲桓玄所俘殺。《晋書》卷八四有傳。　荆州：州名。治江陵縣，在今湖北荆州市荆州區。

[4]羅伭生：按，大德本、汲古閣本、殿本、百衲本“伭”作“企”。下並同。本文下“伭”“企”混出，誤，應作“企”。羅企生，字宗伯，豫章（今江西南昌市）人。《晋書》卷八九有傳。

藩轉參太尉大將軍相國軍事。宋武帝起兵，玄戰敗將出奔，藩扣馬曰：“今羽林射手猶有八百，皆是義故西人，一旦捨此，欲歸可復得乎？”玄直以鞭指天而已。

於是奔散相失，追及玄於蕪湖。玄見藩喜謂張須無曰："卿州故爲多士，今復見王脩。"[1]桑落之敗，[2]藩艦被燒，并鎧入水，潜行三十許步，方得登岸。乃還家。

[1]王脩：字叔治，北海營陵（今山東昌樂縣）人。以忠貞著名。《三國志》卷一一有傳。

[2]桑落：洲名。在今江西九江市東北、安徽宿松縣西南長江中。爲東晋、南朝戰略要地和重要門户。

武帝素聞藩直言於殷氏，又爲玄盡節，召參鎮軍軍事。從征慕容超，超軍屯聚臨朐。[1]藩言於武帝曰："賊屯軍城外，留守必寡，今往取其城而斬其旗幟，此韓信所以尅趙也。"[2]帝乃遣檀韶與藩潜往，即尅其城。賊見城陷，一時奔走，還保廣固。圍之，將拔之夜，忽有鳥大如鵝，蒼黑色，飛入帝帳裏，衆以爲不祥。藩賀曰："蒼黑者，胡虜色。胡虜歸我，大吉之祥。"明旦攻城，陷之。從討盧循於左里，頻戰有功，封吴平縣五等子。

[1]臨朐：縣名。治所在今山東臨朐縣。

[2]此韓信所以尅趙也：韓信在井陘口擊敗趙軍。詳見《史記》卷九二《淮陰侯列傳》。

尋除鄱陽太守，從伐劉毅。初，毅當之荆州，表求東道還建鄴辭墓。去都數十里，不過拜闕。帝出倪塘會毅，[1]藩請殺之，乃謂帝曰："公謂劉衛軍爲公下乎？"帝曰："卿謂何如？"對曰："夫豁達大度，功高天下，連百萬之衆，允天人之望，毅固以此服公。至於涉獵記傳，一詠一點，[2]自許以雄豪，加以誇伐，搢紳白面之士，輻湊而歸，此毅不肯爲公下也。”帝曰：“吾與毅俱有剋復功，其過未彰，不可自相圖。”至是謂藩曰：“昔從卿倪塘之謀，無今舉也。”

［1］倪塘：地名。在今江蘇南京市江寧區方山西北。六朝時爲京師東南門户和兵争之地。

［2］點：按，大德本、百衲本同，汲古閣本、殿本作“談”。

又從征司馬休之，復爲參軍。徐逵之敗没，帝怒，即日於馬頭岸度江。[1]江津岸壁立數丈，[2]休之臨岸置陣，無由可登。帝呼藩令上，藩有疑色。帝怒，命左右録來，欲斬之。藩不受命，顧曰：“寧前死耳。”以刀頭穿岸，劣容脚指徑上，隨之者稍多。及登，殊死戰，敗之。

［1］馬頭岸：《資治通鑑》卷一一七《晋紀三十九》安帝義熙十一年胡三省注：“據《水經注》，馬頭岸在大江之南，北對江陵之江津戍。”

［2］江津：戍名。在今湖北荆州市南長江中。

從伐關中，參太尉軍事，統别軍至河東。暴風漂輜重艦度北岸，魏軍牽得此艦。藩氣憤，率左右十二人乘小船徑往。魏騎五六百，見藩來並笑之。藩素善射，登岸射之，應弦而倒者十許人。魏軍皆退，悉收所失而反。又遣藩及朱超石等追魏軍於半城，魏騎數萬合圍，藩及超石不盈五千，力戰，大破之。武帝還彭城，參相國軍事。論平司馬休之及廣固功，封陽山縣男。元嘉中，位太子左衛率。卒，謚曰壯侯。子隆世嗣。

藩諸子多不遵法度，第十四子遵世同孔熙先逆謀，[1]文帝以藩功臣，不欲顯其事，使江州以他事殺之。十六子誕世，十七子茂世，後欲奉庶人義康，[2]交州刺史檀和之至豫章討平之。[3]

[1]孔熙先：有縱横才，爲員外散騎侍郎，久不得遷。遂密結范曄等謀反，欲奉彭城王劉義康爲帝，事泄被殺。事見本書卷三三《范曄傳》。

[2]義康：劉義康。宋武帝第四子。本書卷一三、《宋書》卷六八有傳。

[3]檀和之：高平金鄉（今山東嘉祥縣）人。京口起兵舊人檀憑之子。爲交州刺史、南兗州刺史。事見《宋書》卷九七《夷蠻傳》。

劉康祖，彭城吕人也，[1]世居京口。父虔之，輕財好施，位江夏相。宋武帝西征司馬休之及魯宗之，[2]宗之子軌襲殺虔之，追贈梁、秦二州刺史，封新康縣男。

[1]吕：縣名。治所在今江蘇徐州市銅山區東南。

[2]魯宗之：字彦仁，扶風郿（今陝西眉縣）人，魯爽祖父。事見本書卷四〇《魯爽傳》。

康祖便弓馬，膂力絶人，以浮蕩蒱酒爲事。[1]每犯法爲郡縣所録，輒越屋踰墻，莫之能禽。夜入人家，爲有司所圍，突圍去，並莫敢追，因夜還京口，半夕便至。明旦守門詣府州要職，俄而建康移書録之，府州執事者並證康祖其夕在京，遂得無恙。前後屢被糺劾，[2]文帝以勳臣子每原貸之。後襲封拜員外郎，[3]再坐蒱戲免官。孝武爲豫州刺史，[4]鎮歷陽，以康祖爲征虜中兵參軍。[5]既彼委任，[6]折節自脩。歷南平王鑠安蠻府司馬。[7]

[1]蒱：樗蒱。古代的一種博戲。亦指賭博。

[2]糺劾：審查，彈劾。

[3]員外郎：官名。員外散騎侍郎省稱。多以公族、功臣子充任，爲閑散之職。

[4]孝武：宋孝武帝劉駿。宋文帝第三子。本書卷二、《宋書》卷六有紀。

[5]中兵參軍：官名。王公軍府屬官。掌本府中兵曹事務，兼備參謀咨詢。其品位隨府主地位高低不等。

[6]彼：按，大德本同，汲古閣本、殿本、百衲本作“被”。

[7]南平王鑠：劉鑠。宋文帝第四子。本書卷一四、《宋書》卷七二有傳。　司馬：官名。軍府高級幕僚。掌參贊軍務，管理府内武職，位僅次於長史。

元嘉二十七年，魏太武帝親率大衆攻圍汝南，[1]文帝遣諸軍救援，康祖總統爲前驅。次新蔡，攻破魏軍，去懸瓠四十里。[2]太武燒營而還。轉左軍將軍。[3]文帝欲大舉北侵，康祖以歲月已晚，請待明年。上不許。其年秋，蕭斌、王玄謨、沈慶之等入河，[4]康祖率豫州軍出許、洛。玄謨等敗歸，南平王鑠在壽陽，[5]上慮爲魏所圍，召康祖速反。康祖回軍，未至壽陽數十里，會魏永昌王以長安之衆八萬騎，[6]與康祖相及於尉武。[7]康祖有八千人，乃結車營而進。魏軍四面來攻，衆分爲三，且休且戰。康祖率厲將士，無不一當百，魏軍死者太半，[8]流血没踝。矢中頭而死，於是大敗，舉營淪覆，免者裁數十人。魏人傳康祖首示彭城，[9]面如生。贈益州刺史，謚曰壯。

[1]魏太武帝：拓跋燾。小字佛貍。北魏第三代君主。在位三十年（423—452），廟號世祖。《魏書》卷四、《北史》卷二有紀。　汝南：郡名。治懸瓠城，在今河南汝南縣。

[2]懸瓠：城名。在今河南汝南縣。懸瓠城控帶潁洛，當時視爲淮泗屏蔽。東晋、南北朝爲南北軍事争奪要地。

[3]左軍將軍：官名。將軍名號。宋四品。

[4]蕭斌：南蘭陵（今江蘇常州市武進區）人，蕭思話從兄弟。宋文帝元嘉末，佐太子劉劭謀殺文帝。事見《宋書》卷七八《蕭思話傳》、卷九九《元凶劭傳》。　王玄謨：字彦德，太原祁（今山西祁縣）人。本書卷一六、《宋書》卷七六有傳。　沈慶之：字弘先，吴興武康（今浙江德清縣）人。本書卷三七、《宋書》卷七七有傳。

[5]壽陽：縣名。治所在今安徽壽縣。爲豫州治所。南朝宋孝武帝大明六年（462）復名壽春縣。

[6]魏：按，大德本、殿本、百衲本同，汲古閣本無此字。

[7]尉武：亭名。在今安徽壽縣西。

[8]太：按，大德本、百衲本同，汲古閣本、殿本作“大”。

[9]示：按，大德本、殿本、百衲本同，汲古閣本作“至”。

康祖伯父簡之，有志幹，爲宋武帝所知。帝將謀興復，收集才力之士，嘗再造簡之，會有客。簡之悟其意，謂虔之曰："劉下邳再來，必當有意。既不得語，汝可試往見之。"及虔之至，武帝已剋京口。虔之即投義。簡之聞之，殺耕牛，會衆以赴之。位太尉諮議參軍。

簡之弟謙之，好學，撰《晋紀》二十卷，[1]位廣州刺史，[2]太中大夫。[3]

[1]撰《晋紀》二十卷：《隋書·經籍志二》史部古史類著録《晋紀》二十三卷，宋中散大夫劉謙之撰。

[2]廣州：州名。治番禺縣，在今廣東廣州市。

[3]太中大夫：官名。無職事。宋七品。品秩不高，禄賜與卿相當。

簡之子道產，初爲無錫令，[1]襲爵晋安縣五等侯。元嘉三年，累遷梁、南秦二州刺史，加都督。在州有惠化。後爲雍州刺史、領寧蠻校尉，[2]加都督，兼襄陽太守。善於臨職，在雍部政績尤著，蠻夷前後不受化者皆順服，百姓樂業，由此有《襄陽樂歌》，自道產始也。卒于官，謚曰襄侯。道產澤被西土，及喪還，諸蠻皆備縗絰號哭，追送至于沔口。[3]

[1]無錫：縣名。治所在今江蘇無錫市。

[2]寧蠻校尉：官名。南朝掌管雍州（今湖北襄陽市）的少數民族事務。領兵，設府於襄陽，稱小府。多由刺史兼任。宋四品。

[3]沔口：又稱夏口。即今漢江入長江之口，在今湖北武漢市。

長子延孫，孝武初，位侍中，[1]封東昌縣侯，累遷尚書右僕射。[2]大明元年，除金紫光禄大夫，領太子詹事。[3]又出爲南徐州刺史。[4]先是，武帝遺詔：京口要地，去都密邇，自非宗室近戚不得居之。劉氏之居彭城者，分爲三里，帝室居綏輿里，左將軍劉懷肅居安上里，豫州刺史劉懷武居叢亭里。三里及延孫所居吕縣凡四劉，雖同出楚元王，[5]由來不序昭穆。延孫於帝室本非同宗，不應有此授。時司空竟陵王誕爲徐州，[6]上深相畏忌，不欲使居京口，遷之廣陵。[7]廣陵與京口對岸，使腹心爲徐州據京口以防誕，故以南徐州授延孫，而與之合族，使諸王序親。

[1]侍中：官名。門下省長官。參預機密政務，掌規諫及賓贊威儀，乃至封駁、平省尚書奏事等。宋三品。

[2]尚書右僕射：官名。尚書省次官。位在左僕射下。輔助尚書令執行政務，參議大政，諫諍得失，監察糾彈百官，還可封還詔旨，常受命主管官吏選舉。宋三品。

[3]太子詹事：官名。總領東宫官屬、庶務，爲太子官屬之長。兩晋南北朝東宫位重，置官擬於朝廷，時號宫朝。常設重兵，故權任甚重，或參預朝政。宋三品。

[4]南徐州：州名。南朝宋武帝永初二年（421）改徐州置。治京口城，在今江蘇鎮江市。

[5]楚元王：漢高祖劉邦異母弟劉交。《史記》卷五〇有世家。《舊唐書》卷一〇二《劉子玄傳》云："彭城叢亭里諸劉，出自宣帝子楚孝王囂曾孫司徒居巢侯劉愷之後，不承楚元王交。皆按據明白，正前代所誤。"

[6]竟陵王誕：劉誕。字休文，宋文帝第六子。本書卷一四、

《宋書》卷七九有傳。

[7]廣陵：縣名。治所在今江蘇揚州市西北蜀岡上。亦爲廣陵郡、南兗州治所。

三年，南兗州刺史竟陵王誕有罪不受徵，延孫馳遣中兵參軍杜幼文赴討。[1]及至，誕已閉城自守，乃還。誕遣劉公泰齎書要之，延孫斬公泰，送首建鄴，復遣幼文受沈慶之節度。

[1]杜幼文：京兆杜陵（今陝西西安市長安區）人，杜驥第五子。本書卷七〇、《宋書》卷六五有附傳。

五年，詔延孫曰："舊京樹親，由來常準。今此防久弭，當以還授小兒。"乃徵延孫爲侍中、尚書左僕射，領護軍。延孫病，不任拜赴。卒，贈司徒，[1]給班劍二十人。[2]有司奏謚忠穆，詔改爲文穆。子質嗣。

[1]司徒：官名。三公之一，爲名譽宰相。魏晋以降，多爲大官之榮銜或加銜。其府屬官仍辦理日常行政事務，掌全國户籍，督課州郡官吏。宋一品。

[2]班劍：有紋飾的劍。漢制，朝服帶劍。晋代之以木，謂之班劍，虎賁持之，用作儀仗，是皇帝對王公大臣的一種恩賜。

論曰：劉敬宣與宋武恩結龍潛，義分早合，雖興復之始，事隔逢迎，而深期久要，未之或爽。隆赫之任，遂止於人存，飾終之數，無聞於身後。恩禮之有厚薄，將別有以乎？劉懷肅、劉懷慎、劉粹、孫處、蒯恩、向靖、劉鍾、虞丘進、孟懷玉、孟龍符、胡藩等，或階緣恩舊，一其心力，或攀附風雲，奮其鱗羽，咸能振拔塵滓，自致封侯。《詩》云“無德不報”，[1]其言信矣。康祖門奉興王，早裂封壤，受委疆埸，赴蹈爲期。[2]道産樹績漢南，歷年踰十，遺風餘烈，有足稱焉。覽其行事，可謂異迹均美。延孫隆名盛寵，擇而後授，遂以腹心之託，自致宗臣之重，亦其過也。[3]

[1]無德不報：出自《詩·大雅·抑》。

[2]赴蹈：赴湯蹈火。謂獻身。

[3]過：按，大德本、汲古閣本、殿本、百衲本同，中華本改作“遇”。

南史　卷一八

列傳第八

趙倫之 子伯符　蕭思話 子惠開 惠明 惠明子眎素 惠明弟惠基 惠基子洽 惠基弟惠休 惠休弟子介 介子允 引 惠開從孫琛[1]

臧燾 玄孫嚴 嚴族叔未甄 未甄子盾 厥 燾弟熹 熹子質

[1]從孫：按，大德本、汲古閣本、百衲本同，殿本作“從子”。正文謂“惠開從子”，作“子”是。

趙倫之字幼成，下邳僮人，[1]宋孝穆皇后之弟也。[2]幼孤貧，事母以孝稱。宋武帝起兵，以軍功封閬中縣五等侯，[3]累遷雍州刺史。[4]

[1]下邳：郡名。治下邳縣，在今江蘇睢寧縣西北。　僮：縣名。治所在今安徽泗縣東北。

[2]宋孝穆皇后：趙安宗。宋武帝劉裕生母。本書卷一一、《宋書》卷四一有傳。

[3]閬中縣五等侯：所謂五等，非指公侯伯子男之五等級。此制之行，祇在東晋末劉裕執政時及南朝宋初年。錢大昕說五等之封但假虛號，未有食邑，蓋出一時權益之制（參見周一良《魏晋南北

朝史札記》，中華書局1985年版，第157頁）。

［4］雍州：僑州名。治襄陽縣，在今湖北襄陽市。

武帝北伐，倫之遣順陽太守傅弘之、扶風太守沈田子出嶢柳，[1]大破姚泓於藍田。[2]及武帝受命，以佐命功，封霄城縣侯。少帝即位，徵拜護軍。[3]元嘉三年，[4]拜領軍將軍。[5]

［1］嶢柳：城名。在今陝西藍田縣。

［2］姚泓：字元子，羌族。十六國時後秦國主。在位二年（416—417）。《晋書》卷一一九有載記。

［3］護軍：官名。護軍將軍省稱。禁衛軍長官，略低於領軍將軍。資深者爲護軍將軍，資輕者爲中護軍。宋三品。

［4］元嘉：南朝宋文帝劉義隆年號（424—453）。

［5］領軍將軍：官名。南朝時掌禁衛軍及京都諸軍，爲禁衛軍最高統帥。資深者爲領軍將軍，資淺者爲中領軍。宋三品。

倫之雖外戚貴寵，而居身儉素，性野拙澀，[1]於人間世事多所不解。[2]久居方伯，公私富貴。入爲護軍，資力不稱，以爲見貶。光禄大夫范泰好戲，[3]笑謂曰："司徒公缺，必用汝老奴。我不言汝資地所任，要是外戚高秩次第所至耳。"倫之大喜，每載酒肴詣泰。五年，卒，謚元侯。子伯符嗣。

［1］性野拙澀：按，《宋書》卷四六《趙倫之傳》作"性野拙"，王懋竑《讀書記疑》卷一三云："澀字疑衍。"

［2］人間世事：按，《宋書·趙倫之傳》作"人情世務。"

[3]光禄大夫：官名。作爲在朝顯職的加官，無具體職掌。宋三品。　范泰：字伯倫，順陽（今河南淅川縣）人。士族出身。本書卷三三、《宋書》卷六〇有傳。

伯符字潤遠，少好弓馬，爲寧遠將軍，[1]總領義徒，以居宮城北。每火起及有劫盜，輒身貫甲冑，助郡縣赴討，武帝甚嘉之。

[1]寧遠將軍：官名。將軍名號。宋五品。

文帝即位，累遷徐、兖二州刺史。[1]爲政苛暴，吏人畏懼如與虎狼居，而劫盜遠迸，無敢入境。元嘉十八年，徵爲領軍將軍。先是，外監不隸領軍，[2]宜相統攝者，自有别詔，至此始統領焉。後爲丹陽尹，[3]在郡嚴酷，曹局不復堪命，或委叛被戮，[4]投水而死。[5]典筆吏取筆失旨，頓與五十鞭。子倩尚文帝第四女海鹽公主，甚愛重。倩嘗因言戲，以手擊主，事上聞，文帝怒，離婚。伯符慙懼，發病卒，謚曰肅。傳國至孫勗，齊受禪，國除。

[1]徐、兖：雙頭州名。二州合一，共一刺史。宋文帝元嘉時，治所在今江蘇徐州市。

[2]外監：官名。負責兵器、兵役徵發等事。多以寒門充任，因侍衛皇帝左右，頗具權勢。

[3]丹陽尹：官名。京畿行政長官，屬於既機要又顯貴之職。宋三品。

[4]戮：按，大德本、汲古閣本、百衲本同，殿本作“録”。

［5］投：按，大德本、殿本同，汲古閣本、百衲本作“透”。

蕭思話，南蘭陵人，[1]宋孝懿皇后弟子也。[2]父源之字君流，歷徐、兖二州刺史。永初元年卒，[3]贈前將軍。

［1］南蘭陵：僑郡名。治蘭陵縣，在今江蘇常州市武進區西北。

［2］宋孝懿皇后：蕭文壽。宋武帝劉裕繼母。本書卷一一、《宋書》卷四一有傳。

［3］永初：南朝宋武帝劉裕年號（420—422）。

思話十許歲時，[1]未知書，好騎屋棟，打細腰鼓，侵暴鄰曲，莫不患毒之。自此折節，數年中遂有令譽。頗工隸書，善彈琴，能騎射。後襲爵封陽縣侯。[2]

［1］十許歲：按，大德本、汲古閣本、百衲本同，殿本作“十歲許”。

［2］封陽縣侯：封爵名。封陽，縣名。治所在今廣西賀州市東南。

元嘉中，爲青州刺史。[1]亡命司馬朗之兄弟聚黨謀爲亂，思話遣北海太守蕭汪之討斬之。[2]

［1］青州：州名。治東陽城，在今山東青州市。

［2］北海：僑郡名。治東陽城，在今山東青州市。

八年，魏軍大至，乃棄鎮奔平昌。[1]魏軍定不至，[2]由是徵繫尚方。[3]初在青州，常所用銅斗覆在藥厨下，忽於斗下得二死雀。思話歎曰："斗覆而雙雀殞，其不祥乎？"既而被繫。及梁州刺史甄法護在任失和，氐帥楊難當因此寇漢中，[4]乃自徒中起思話爲梁、南秦二州刺史，[5]平漢中，悉收侵地，置戍葭萌水。[6]思話還鎮南鄭。[7]

[1]平昌：郡名。治安丘縣，在今山東安丘市西南。

[2]定：究竟，到底。

[3]尚方：官署名。隸少府。掌製造宫廷所用器物。多以役徒服勞作，亦爲繫罪囚之所。

[4]楊難當：楊玄弟。南北朝時氐族首領。事見本書卷七九《武興傳》、《宋書》卷九八《氐胡傳》。

[5]梁、南秦：雙頭州名。治南鄭縣，在今陝西漢中市東。

[6]葭萌水：水名。即今甘肅、四川交界的白龍江下游，爲嘉陵江支流。流經秦漢葭萌縣（今四川廣元市西南）北，故稱。

[7]南鄭：縣名。治所在今陝西漢中市東。

法護，中山無極人也。過江，寓居南郡。[1]弟法崇自少府爲益州刺史。[2]法護委鎮之罪，爲府所收，於獄賜死。文帝以法崇受任一方，命言法護病卒。文帝使思話上定漢中本末，下之史官。

[1]南郡：郡名。治江陵縣，在今湖北荆州市荆州區。

[2]益州：州名。治成都縣，在今四川成都市。

十四年，遷臨川王義慶平西長史、南蠻校尉。[1]文帝賜以弓琴，手敕曰："前得此琴，言是舊物，今以相借，并往桑弓一張，理材乃快。[2]良材美器，宜在盡用之地，丈人真無所與讓也。”嘗從文帝登鍾山北嶺，中道有盤石清泉，上使於石上彈琴，因賜以銀鍾酒，謂曰：“相賞有松石間意。”歷寧蠻校尉，[3]雍州刺史，監四州軍事，徵爲吏部尚書。[4]思話以去州無復事力，倩府軍身九人。文帝戲之曰：“丈人終不爲田父於閭里，何憂無人使邪？”未拜，遷護軍將軍。

[1]臨川王義慶：劉義慶。宋武帝之侄。本書卷一三、《宋書》卷五一有附傳。　南蠻校尉：官名。東晋、南朝立府於江陵，統兵。掌荆州及江州少數民族事務。宋四品。

[2]理材：按，大德本、汲古閣本、殿本、百衲本同，中華本據《宋書》卷七八《蕭思話傳》改作“材理”。

[3]寧蠻校尉：官名。掌管雍州（今湖北襄陽市）少數民族事務。領兵，設府於襄陽，稱小府。宋四品。

[4]吏部尚書：官名。尚書省吏部長官。掌官吏銓選、任免等事宜。東晋、南朝尚書中以吏部爲最貴。宋三品。《資治通鑑》卷一一九《宋紀一》少帝景平元年胡三省注：“自晋以來，謂吏部尚書爲大尚書，以其在諸曹之右，且其權任要重也。”

是時，魏攻懸瓠，[1]文帝將大舉北侵，朝士僉同，思話固諫不從。魏軍退，即代孝武爲徐、兖二州刺史，監四州軍事。後爲圍碻磝城不拔，[2]退師歷下，[3]爲江夏王義恭所奏免官。[4]

[1]懸瓠：城名。在今河南汝南縣。懸瓠城控帶潁洛，當時視爲淮泗屏蔽。東晋、南北朝爲南北軍事争奪要地。

［2］碻（qiāo）磝（áo）城：古津渡、城名。在今山東聊城市茌平區西南古黄河南岸，其東爲碻磝城。東晉、南北朝時爲軍事要地。

［3］歷下：地名。在今山東濟南市。

［4］江夏王義恭：劉義恭。宋武帝第五子。本書卷一三、《宋書》卷六一有傳。

元凶弑立，[1]以爲徐、兗二州刺史，即起義以應孝武。孝武即位，徵爲尚書左僕射，固辭，改爲中書令、丹陽尹、散騎常侍。[2]時都下多劫掠，二旬中十七發，引咎陳遜，不許。後拜郢州刺史，[3]加都督。[4]卒，贈征西將軍、開府儀同三司，[5]謚曰穆侯。

［1］元凶弑立：指宋文帝太子劉劭弑父。元凶，指劉劭。字休遠，宋文帝長子。本書卷一四、《宋書》卷九九有傳。弑，按，汲古閣本、殿本同，大德本、百衲本作“殺”。

［2］中書令：官名。中書省長官之一，典尚書奏事，掌朝政機密，出納詔命。南朝時中書令多用作重臣加官。宋三品。　散騎常侍：官名。東晉時參掌機密，選望甚重，職任比於侍中。南朝以後隸屬集書省，掌管圖書文翰。地位驟降，用人漸輕。宋三品。

［3］郢州：州名。治夏口城，在今湖北武漢市武昌區。

［4］都督：官名。地方軍政長官。魏晉以後，都督諸州軍事多兼任駐地州刺史，爲該地區的軍政長官。分使持節、持節、假節三種，職權各有不同。

［5］開府儀同三司：官名。爲大臣加號，指禮制、待遇與三公相同，許開設府署，自辟僚屬。係給非三公官員以三公待遇。

思話外戚令望，早見任待，歷十二州，杖節監督者九焉。所至雖無皎皎清節，亦無穢黷之累。愛才好士，人多歸之。

長子惠開少有風氣，涉獵文史，家雖貴戚而居服簡素。初爲秘書郎，[1]意趣與人多不同，比肩或三年不共語。外祖光禄大夫沛郡劉成戒之曰："汝恩戚家子，無多異以取天下之疾。"轉太子舍人，[2]與汝南周朗同官友善，[3]以偏奇相尚。

[1]秘書郎：官名。典校書籍。南朝以來爲清流美職，多爲世家甲族子弟起家之選。宋六品。

[2]太子舍人：官名。東宫屬官。掌文章書記。宋七品。

[3]周朗：字義利，汝南安成（今河南汝南縣）人。本書卷三四、《宋書》卷八二有傳。

孝建元年，[1]爲黄門侍郎，[2]與侍中何偃争推積射將軍徐沖之事，[3]偃任遇甚隆，怒使門下推彈惠開，乃上表解職，由此忤旨。别敕有司以屬疾多，免之。思話素恭謹，與惠開不同，每加嫌責；及見惠開自解表，歎曰："兒不幸與周朗周旋，[4]理應如此。"杖之二百。尋除中庶子，[5]丁父艱，居喪有孝性。家素事佛，凡爲父起四寺：南岡下名曰禪岡寺，曲阿舊鄉宅名曰禪鄉寺，[6]京口墓亭名曰禪亭寺，所封封陽縣名曰禪封寺。謂國僚曰："封秩鮮而兄弟甚多，[7]若全關一人，則在我所讓，若人人等分，又事可悲耻。寺衆既立，自宜悉供僧衆。"襲封封陽縣侯，爲新安王子鸞冠軍長史。

[1]孝建：南朝宋孝武帝劉駿年號（454—456）。

[2]黄門侍郎：官名。門下次官，出入禁中，位頗重要。宋五品。

[3]侍中：官名。門下省長官。参預機密政務，掌規諫及賓贊威儀，乃至封駁、平省尚書奏事等。宋三品。　何偃：字仲弘，廬江灊（今安徽霍山縣）人，何尚之子。本書卷三〇有附傳，《宋書》卷五九有傳。

[4]周旋：交往，酬應。

[5]中庶子：官名。即太子中庶子。東宫屬官。掌侍從、奏事、諫議等。宋五品。

[6]曲阿：縣名。治所在今江蘇丹陽市。

[7]封秩：指由封爵食邑而來的秩禄。

惠開妹當適桂陽王休範，女又當適孝武子，發遣之資，應須二千萬。乃以爲豫章内史，[1]聽其肆意聚納，由是在郡著貪暴之聲。[2]再遷御史中丞。[3]孝武與劉秀之詔曰：[4]"今以蕭惠開爲憲司，冀當稱職。但一往眼額，已自殊有所震。"及在職，百僚憚之。

[1]豫章：郡名。治南昌縣，在今江西南昌市。　内史：官名。王國行政長官。掌治民，職如郡太守。

[2]聲：按，大德本、汲古閣本、百衲本同，殿本作"名"。

[3]御史中丞：官名。職掌監察、執法。南朝亦稱南司，其職雖重，世族名士多不樂爲之。宋四品。

[4]劉秀之：字道寶，東莞莒（今山東莒縣）人。本書卷一五有附傳，《宋書》卷八一有傳。

後拜益州刺史，路經江陵。[1]時吉翰子在荆州，[2]共惠開有舊，爲設女樂。樂人有美者，惠開就求不得，又欲以四女妓易之，不許。惠開怒，收吉斬之，即納其妓。啓云："吉爲劉義宣所遇，[3]交結不逞，向臣訕毀朝政，輒已戮之。"孝武稱快。

[1]江陵：縣名。治所在今湖北荆州市荆州區。亦爲荆州及南郡治所。

[2]吉翰：字休文，馮翊池陽（今陜西涇陽縣）人。歷爲梁州、益州、司州、徐州刺史，有政績。本書卷七〇、《宋書》卷六五有傳。

[3]劉義宣：宋武帝第六子。與臧質起兵争帝位，敗死。本書卷一三、《宋書》卷六八有傳。

惠開素有大志，[1]至蜀欲廣樹經略。善於叙述，聞其言者皆以爲大功可立。才疏意廣，竟無成功。嚴用威刑，蜀人號曰"卧虎"。明識過人，嘗三千沙門，[2]一閲其名，退無所失。

[1]惠開素有：按，大德本、殿本、百衲本同，汲古閣本作"孝武初有"。

[2]嘗三千沙門：按，大德本、汲古閣本、殿本、百衲本同，中華本據《通志》卷一三二補作"嘗供三千沙門"。

明帝即位，晋安王子勛反，[1]惠開乃集將佐謂曰："吾荷世祖之眷，當投袂萬里，推奉九江。"蜀人素怨惠開嚴，及是所遣兵皆不得前。晋原郡及，[2]諸郡悉應，

並來圍城。城内東兵不過二千，凡蜀人，惠開疑之，悉皆遣出。子勛尋敗，蜀人並欲屠城，以望厚賞。明帝以蜀土險遠，赦其誅責，遣其弟惠基使蜀宣旨。而蜀人志在屠城，不使王命速達，遏留惠基。惠基破其渠帥，然後得前。惠開奉旨歸順，城圍得解。明帝又遣惠開宗人寶首水路慰勞益州，寶首欲以平蜀爲功，更獎説蜀人，處處蜂起。惠開乃啓陳情事，遣宋寧太守蕭惠訓、州別駕費欣業分兵並進，[3]大破之，禽寶首送之。惠開至都，明帝問其故，侍衛左右莫不悚然側目，惠開舉動自若，從容答曰："臣唯知逆順，不識天命。"又云："非臣不亂，非臣不平。"

[1]晋安王子勛反：劉子勛，宋孝武帝之子，時在江州。明帝即位，許多地方官和將領擁立子勛，起兵反對明帝。史稱義嘉之難。

[2]晋原郡及：按，大德本、汲古閣本、殿本、百衲本同，中華本據《宋書》卷八七《蕭惠開傳》改作"晋原郡反"。晋原，郡名。治江原縣，在今四川崇州市西北。

[3]宋寧：僑郡名。治成都縣，在今四川成都市。　別駕：官名。亦稱别駕從事。州刺史佐吏。與治中同爲州上綱，事無不統。宋六品。

初，惠開府録事參軍劉希微負蜀人責將百萬，[1]爲責主所制，未得俱還。惠開與希微共事不厚，而厩中凡有馬六十疋，悉以乞希微償責。[2]其意趣不常如是。惠開還資二千餘萬，悉散施道俗，[3]一無所留。

[1]録事參軍：官名。晋置。初爲公府官，後州刺史亦設。掌管各曹文書及糾察等事。位在列曹參軍上。　責：古同“債”。

[2]乞：猶贈送，給予。與乞討義相反。

[3]悉散施道俗：馬宗霍《南史校證》云：“六朝習呼僧爲道人，此道蓋謂僧衆，非羽流道士之道也。‘俗’則通親戚故舊言之，以别於‘道’。”（湖南教育出版社 2008 年版，第 324 頁）

後除桂陽王休範征北長史、南東海太守。[1]其年，會稽太守蔡興宗之郡，[2]惠開自京口請假還都，相逢於曲阿。惠開先與興宗名位略同，又經情款，自以負釁摧屈，慮興宗不能詣己，戒勒部下：蔡會稽部伍若問，慎不得答。惠開素嚴，部下莫敢違。興宗見惠開舟力甚盛，遣人訪訊，事力二三百人皆低頭直去，[3]無一人答者。

[1]桂陽王休範：劉休範。宋文帝第十八子。本書卷一四、《宋書》卷七九有傳。按，桂，大德本、殿本、百衲本同，汲古閣本作“貴”。　南東海：郡名。治京口城，在今江蘇鎮江市。

[2]會稽：郡名。治山陰縣，在今浙江紹興市。　蔡興宗：濟陽考城（今河南民權縣）人，蔡廓子。士族出身。本書卷二九、《宋書》卷五七有附傳。

[3]事力：亦可稱爲“兵力”或“手力”，反映南朝宋時以兵户送故之制。

尋除少府，[1]加給事中。[2]惠開素剛，至是益不得志，曰：“大丈夫入管喉舌，出莅方伯，乃復低頭入中邪。”寺内所住齋前，嚮種花草甚美，惠開悉剷除别種白楊。每謂人曰:“人生不得行胸懷，雖壽百歲猶爲夭也。”發病嘔血，吐物如肝肺者。卒，子睿嗣，齊受禪，國除。

[1]少府：官名。亦爲官署名。管理宫廷手工業等事務。宋三品。

[2]加：官制術語。原職之外，增授其他職銜或虚銜。　給事中：官名。南朝隸集書省，掌侍從左右，收發文書。宋五品。

惠開與諸弟並不睦，惠基使至益州，遂不相見。與同産弟惠明亦致嫌隙云。

惠明其次弟也，亦有時譽。泰始初，[1]爲吴興太守，[2]郡界有卞山，山下有項羽廟。相承云羽多居郡聽事，前後太守不敢上。惠明謂綱紀曰:[3]“孔季恭嘗爲此郡，[4]未聞有災。”遂盛設筵榻接賓，數日，見一人長丈餘，張弓挾矢向惠明，既而不見。因發背，[5]旬日而卒。

[1]泰始：南朝宋明帝劉彧年號（465—471）。

[2]吴興：郡名。治烏程縣，在今浙江湖州市。

[3]綱紀：郡縣綜理府事之吏。指主簿、功曹、五官掾等，地位較高。

[4]孔季恭：孔靖。字季恭，會稽山陰（今浙江紹興市）人。本書卷二七、《宋書》卷五四有傳。

[5]發背：背部生瘡。《史記》卷七《項羽本紀》:“（范增）行未至彭城，疽發背而死。”

子眎素，[1]梁天監中，[2]位丹楊尹丞。[3]初拜日，武帝賜錢八萬，眎素一朝散之親友。遷司徒左西屬、南徐州中從事。[4]

[1]眎（shì）：同“視”。

[2]天監：南朝梁武帝蕭衍年號（502—519）。

[3]丹楊尹丞：官名。東晋、南朝置，丹陽尹屬官。

[4]司徒左西屬：官名。司徒府僚屬。参掌左西曹。多以“夷雅有才識”之士充任。　中從事：官名。即治中從事史，本書避唐高宗李治諱省“治”字。爲州刺史的佐官，掌文書案卷等。宋六品。

性静退，少嗜慾，好學，能清言，[1]榮利不關於中，喜怒不形於色。在人間及居職，並任情通率，不自矜尚，天然簡素。及在京口，便有終焉之志。後爲中書侍郎。[2]在位少時，求爲諸暨令。[3]到縣十餘日，挂衣冠於縣門而去。獨居屏事，非親戚不得至其籬門。妻即齊太尉王儉女，[4]久與别居，遂無子。卒，親故迹其事行，謚曰貞文先生。

[1]清言：六朝時，士人以《老子》《莊子》《周易》爲三玄，以竞談玄理爲一時風尚，稱爲清言或清談。參見《世説新語·言語》。

[2]中書侍郎：官名。爲中書監、令之副，助監、令掌尚書奏事。宋五品。

[3]諸暨：縣名。治所在今浙江諸暨市。

[4]王儉：字仲寶，琅邪臨沂（今山東臨沂市）人。仕齊歷尚書左僕射、尚書令。長於禮學，熟悉朝儀，齊初制度多爲其制定。

本書卷二二有附傳，《南齊書》卷二三有傳。

惠明弟惠基，幼以外戚見宋江夏王義恭，歎其詳審，以女結婚。歷中書黄門郎。惠基善隸書及弈棋，齊高帝與之情好相得。桂陽王休範妃，惠基姊也，高帝謂之曰："卿家桂陽，遂復作賊。"[1]高帝頓新亭壘，[2]以惠基爲軍副。惠基弟惠朗親爲休範攻戰，惠基在城内了不自疑。後爲長兼侍中。[3]

[1]作賊：指造反，作亂。

[2]新亭：地名。在今江蘇南京市西南。地近江濱，依山築城壘，爲軍事和交通重地。

[3]長兼：官制術語。一種任官形式。秩位低於正員，可由此升爲正員，亦可由正員降此。自太尉、侍中、御史中尉至行參軍皆可設。

袁粲、劉彦節起兵之夕，[1]高帝以彦節是惠基妹夫，惠基時直在省，遣王敬則觀其指趣，[2]見惠基安静，不與彦節相知，由是益加恩信。

[1]袁粲：又名愍孫，字景倩，陳郡陽夏（今河南太康縣）人。宋明帝死，爲顧命大臣。順帝時，遷至中書監、司徒。時執政蕭道成欲代宋自立，與荆州刺史沈攸之等謀起兵誅道成，事泄被殺。本書卷二六有附傳，《宋書》卷八九有傳。　劉彦節：劉秉。字彦節，本書避唐高祖李淵父李昞諱而以字行。宋武帝中弟劉道憐孫，以宗室居顯職。時蕭道成輔政，密與袁粲等謀起兵誅道成，事泄被殺。本書卷一三、《宋書》卷五一有附傳。

［2］王敬則：臨淮射陽（今江蘇寶應縣）人，僑居晋陵南沙（今江蘇常熟市）。以屠狗爲業，母爲女巫。齊國建立，官至開府儀同三司。明帝嗣位，起兵反，敗死。本書卷四五、《南齊書》卷二六有傳。

仕齊爲都官尚書，[1]掌吏部。永明中爲侍中，[2]領驍騎將軍。[3]尚書令王儉朝宗貴望，惠基同在禮閣，非公事不私覿焉。遷太常，[4]加給事中。

［1］都官尚書：官名。掌管軍事刑獄，兼管水部、庫部、功論三曹。宋三品。齊官品不詳。隋朝改爲刑部尚書。

［2］永明：南朝齊武帝蕭賾年號（483—493）。

［3］領驍騎將軍：領即兼任官職。驍騎將軍掌皇宫宿衛，領營兵，再以文職清望官（侍中）兼任，則文武配合，號稱“望實優顯”。

［4］太常：官名。南朝禮儀、郊廟制度由尚書八座及儀曹裁定，太常位尊職閑。宋三品。齊官品不詳。

自宋大明以來，[1]聲伎所尚，多鄭、衛，[2]而雅樂正聲鮮有好者。惠基解音律，尤好魏三祖曲及《相和歌》，每奏輒賞悦不能已。

［1］大明：南朝宋孝武帝劉駿年號（457—464）。

［2］鄭、衛：鄭衛之音。指淫蕩的音樂、歌曲。

當時能棋人琅邪王抗第一品，[1]吴郡褚思莊、會稽夏赤松第二品。赤松思速，善於大行，思莊戲遲，巧於鬭棊。宋文帝時，羊玄保爲會稽，帝遣思莊與王抗交賭，[2]自食時至日暮，一局始竟。上倦，遣還省，至五更方決。抗睡於局後寢，[3]思莊達旦不寐。時或云，思莊所以品第致高，緣其用思深久，人不能對。[4]坑、思莊並至給事中。[5]永明中，敕使抗品棊，竟陵王子良使惠基掌其事。[6]

[1]棊：指圍棊。

[2]帝遣思莊與王抗交賭：按，大德本、汲古閣本、殿本、百衲本"思莊"後有"入東與玄保戲因置局圖還於帝前覆之齊高帝使思莊"二十二字。底本誤脱，應據諸本補。

[3]抗睡於局後寢：按，中華本校勘記云："'睡''寢'於文爲複，《宋書》無'寢'字，張森楷《南史校勘記》謂'寢'字衍文。"

[4]對：按，大德本、汲古閣本、百衲本同，殿本作"及"。

[5]坑：按，大德本同，汲古閣本、殿本、百衲本作"抗"。作"抗"是，與"抗"形近致訛。

[6]竟陵王子良：蕭子良。齊武帝第二子。禮才好士，廣交賓客。本書卷四四、《南齊書》卷四〇有傳。

初，思話先於曲阿起宅，有閑曠之致。惠基嘗謂所親曰：[1]"須婚嫁畢，當歸老舊廬。"立身退素，朝廷稱爲善士。卒，贈金紫光禄大夫。[2]

[1]嘗：按，大德本、汲古閣本、殿本、百衲本作"常"。

[2]金紫光禄大夫：官名。指光禄大夫加賜金章紫綬者。待遇同特進。宋二品。

子洽字宏稱。幼敏寤，年七歲，誦《楚辭》略上口。及長，好學博涉，善屬文。仕梁位南徐州中從事。[1]近畿重鎮，職更數千人，[2]前後居者皆致巨富。洽清身率職，餽遺一無所受，妻子不免飢寒。累遷臨海太守，[3]爲政清平，不尚威猛，人俗便之。還拜司徒左長史。[4]敕撰《當塗堰碑》，辭甚贍麗。卒於官。文集二十卷行於世。[5]

[1]南徐州：州名。治京口城，在今江蘇鎮江市。

[2]更：按，大德本、殿本同，汲古閣本、百衲本作"吏"。

[3]臨海：郡名。治章安縣，在今浙江台州市椒江區章安街道。

[4]還：按，大德本、汲古閣本、百衲本同，殿本作"後"。 司徒左長史：官名。位在司徒右長史上。主要協助司徒主持選舉事務。宋六品。梁十二班。

[5]文集二十卷行於世：《隋書·經籍志四》別集類著録梁《蕭洽集》二卷。

惠基弟惠休。齊永明四年，爲廣州刺史，[1]罷任，獻奉傾資。上敕中書舍人茹法亮曰：[2]"可問蕭惠休，故當不復私邪？[3]吾欲分受之也。"後封建安縣子。

[1]廣州：州名。治番禺縣，在今廣東廣州市。

[2]中書舍人：官名。中書省屬官。南朝諸帝引用寒門人士，入直禁中。出納詔命，處理機密而權力漸重，架空了中書省長官（參見周一良《魏晉南北朝史札記》，第146頁）。 茹法亮：吴興武康（今浙江德清縣）人。小吏出身。本書卷七七、《南齊書》卷五六有傳。

［3］故當不復私邪：按，中華本校勘記云："'復'《南齊書》作'侵'，其敕云：'可問蕭惠休，吾先使卿宣敕，答其勿以私禄足充獻奉。今段殊覺其下情厚於前後人。問之，故當不侵私邪？吾欲分受之也。'則是'復'當作'侵'。"

永元元年，[1]從吴興太守。[2]徵爲尚書右僕射。[3]吴興郡項羽神舊酷烈，人云惠休事神謹，故得美遷。于時朝士多見殺，二年，惠休還至平望，[4]帝令服藥而卒，贈金紫光禄大夫。

［1］永元：南朝齊東昏侯蕭寶卷年號（499—501）。

［2］從：按，大德本、汲古閣本、殿本、百衲本同，中華本據《南齊書》卷四六《蕭惠休傳》改作"徙"。應據改。

［3］尚書右僕射：官名。尚書省次官。位在左僕射下。輔助尚書令執行政務，參議大政，諫諍得失，監察糾彈百官，還可封還詔旨，常受命主管官吏選舉。宋三品。齊官品不詳。

［4］平望：地名。在今江蘇蘇州市吴江區南。

惠休弟惠朗，同桂陽賊，齊高帝赦之。後爲西陽王征虜長史，行南兗州事，[1]坐法免官。

［1］行南兗州事：由於當時多以年幼皇子爲將軍、刺史出鎮諸州，以其長史爲行事，實際負責軍府和州府的軍政事務，權力很大。南兗州，東晉僑立兗州，宋時改爲南兗州，初治京口，在今江蘇鎮江市。宋文帝元嘉八年（431）移治廣陵縣，在今江蘇揚州市西北蜀岡上。

惠朗弟惠蒨，仕齊左户尚書。[1]子介。

[1]左户尚書：官名。即左民尚書，唐人避唐太宗李世民諱改。爲五曹尚書之一。掌户籍和工官之事。宋三品。齊官品不詳。

介字茂鏡，少穎悟，有器識。梁大同中，[1]武陵王紀爲揚州刺史，[2]以介爲府長史，在職以清白稱。武帝謂何敬容曰：[3]"蕭介甚貧，可以處一郡。"[4]復曰："始興郡頻無良守，[5]可以介爲之。"由是出爲始興太守。及至，甚著威德。

[1]大同：南朝梁武帝蕭衍年號（535—546）。

[2]武陵王紀：蕭紀。字世詢，梁武帝第八子。本書卷五三、《梁書》卷五五有傳。

[3]何敬容：字國禮，廬江灊（今安徽霍山縣）人。歷官吏部尚書、尚書令。侯景之亂時卒。本書卷三〇有附傳，《梁書》卷三七有傳。

[4]可以處一郡：按，大德本、汲古閣本、殿本、百衲本同，中華本據《梁書》卷四一《蕭介傳》改作"可處以一郡"。

[5]始興：郡名。治曲江縣，在今廣東韶關市南武水西岸。

徵爲少府卿，尋加散騎常侍。會侍中闕，選司舉王筠等四人，[1]並不稱旨。帝曰："我門中久無此職，宜用蕭介爲之。"應對左右，多所匡正，帝甚重之。

[1]王筠：字元禮，琅邪臨沂（今山東臨沂市）人。有文名，爲梁昭明太子蕭統、沈約、謝朓等愛重。本書卷二二有附傳，《梁

書》卷三三有傳。

遷都官尚書，每軍國大事，必先訪介。帝謂朱异曰：[1]“端右材也。”[2]中大同二年，[3]辭疾致仕，帝優詔不許，終不肯起，乃遣謁者僕射魏祥就拜光禄大夫。

[1]朱异：字彦和，吴郡錢唐（今浙江杭州市）人。梁武帝寵臣，掌機密三十餘年。本書卷六二、《梁書》卷三八有傳。

[2]端右：指尚書令或僕射。

[3]中大同：南朝梁武帝蕭衍年號（546—547）。

太清中，[1]侯景於渦陽敗走，[2]入壽陽。[3]帝敕助防韋黯納之，[4]介聞而上表致諫，極言不可。帝省表歎息，卒不能用。

[1]太清：南朝梁武帝蕭衍年號（547—549）。

[2]侯景：懷朔鎮（今内蒙古固陽縣）人。爲東魏河南道大行臺，於梁武帝太清初降梁。太清二年，舉兵反，攻陷建康，困死梁武帝。又廢簡文帝，自立爲帝，改國號爲漢。史稱侯景之亂。動亂歷時四年，梁從此衰敗。本書卷八〇、《梁書》卷五六有傳。

[3]壽陽：縣名。治所在今安徽壽縣。時爲南豫州治所。

[4]韋黯：字務直，京兆杜陵（今陝西西安市長安區）人，韋叡子。本書卷五八、《梁書》卷一二有附傳。

介性高簡，少交游，唯與族兄琛、從兄昞素及洽從弟淑等文酒賞會，時人以比謝氏烏衣之游。[1]

［1］謝氏烏衣之游：本書卷二〇《謝弘微傳》載："混風格高峻，少所交納，唯與族子靈運、瞻、晦、曜、弘微以文義賞會，常共宴處，居在烏衣巷，故謂之烏衣之游。"

初，武帝總延後進二十餘人，[1]置酒賦詩。臧盾以詩不成，罰酒一斗。盾飲盡，顏色不變，言笑自若。介染翰便成，文無加點。帝兩美之曰："臧盾之飲，蕭介之文，即席之美也。"年七十三，卒於家。

［1］總：按，大德本、汲古閣本、殿本、百衲本同，中華本據《梁書》卷四一《蕭介傳》改作"招"。

第三子允字叔佐，少知名。風神凝遠，通達有識鑒，容止醖藉。仕梁位太子洗馬。[1]侯景攻陷臺城，百僚奔散，允獨整衣冠坐于宮坊，景軍敬焉，弗之逼也。尋出居京口。時寇賊縱横，百姓波駭，允獨不行。人問其故，允曰："性命自有常分，豈可逃而免乎。方今百姓，争欲奮臂而論大功，何事於一書生哉。莊周所謂畏景避迹，吾弗爲也。"乃閉門静處，併日而食，[2]卒免於患。

［1］太子洗馬：官名。東宫屬官。掌文翰。梁六班。《梁書》卷四九《庾於陵傳》："舊事，東宫官屬，通爲清選，洗馬掌文翰，尤其清者。近世用人，皆取甲族有才望。"

［2］併日而食：兩天用一天的食糧。形容生活艱苦。

陳永定中，[1]侯安都爲南徐州刺史，[2]躬造其廬，以申長幼之敬。宣帝即位，爲黄門侍郎。晋安王爲南豫州，[3]以爲長史。[4]時王尚少，未親人務，故委允行府事。入爲光禄卿。[5]

[1]永定：南朝陳武帝陳霸先年號（557—559）。

[2]侯安都：字成師，始興曲江（今廣東韶關市）人。家世爲鄉里豪族，隨陳霸先入援建康。本書卷六六、《陳書》卷八有傳。

[3]晋安王：陳伯恭。字肅之，陳文帝第六子。本書卷六五、《陳書》卷二八有傳。

[4]長史：官名。爲所在官署掾屬之長，故有元僚之稱。

[5]光禄卿：官名。梁武帝天監七年（508）改光禄勳置，掌宫殿門户及一部分宫廷供御事務。梁十一班。陳三品，秩中二千石。

允性敦重，未嘗以榮利干懷。及晋安出鎮湘州，[1]又苦攜允。允少與蔡景歷善，[2]子徵脩父黨之敬，[3]聞允將行，乃詣允曰："公年德並高，國之元老，從容坐鎮，旦夕自爲列曹，何爲方辛苦藩外。"答曰："已許晋安，豈可忘信。"其恬榮勢如此。

[1]湘州：州名。治臨湘縣，在今湖南長沙市。

[2]蔡景歷：字茂世，濟陽考城（今河南民權縣）人。本書卷六八、《陳書》卷一六有傳。

[3]徵：蔡徵。字希祥，蔡景歷子。陳亡入長安。本書卷六八有附傳，《陳書》卷二九有傳。

至德中，[1]鄱陽王出鎮會稽，[2]允又爲長史，帶會稽郡丞。行經延陵季子廟，[3]設蘋藻之薦，託異代之交，爲詩以叙意，辭理清典。後主嘗問蔡徵，允之爲人，徵曰："其清虚玄遠，殆不可測；至於文章，可得而言。"因誦允詩以對。後主嗟賞久之。尋拜光禄大夫。

[1]至德：南朝陳後主陳叔寶年號（583—586）。

[2]鄱陽王：陳伯山。字静之，陳文帝第三子。本書卷六五、《陳書》卷二八有傳。

[3]延陵季子：又名季札、季子。春秋時人，吴王壽夢少子，封於延陵（今江蘇常州市）。事見《史記》卷三一《吴太伯世家》。

及隋師濟江，允遷于關右。時南士至長安者，例皆授官，允與尚書僕射謝伷辭以老疾。隋文帝義之，並厚賜帛。尋卒，年八十四。

弟引字叔休，方正有器度，性聰敏，博學善屬文。仕梁爲西昌侯儀同府主簿。[1]

[1]爲：按，大德本、汲古閣本、殿本、百衲本作"位"。主簿：官名。負責文書簿籍，掌管印鑒等事。其品位秩級隨府主地位高低而不等。

侯景之亂，梁元帝爲荆州刺史，[1]朝士多歸之。引曰："諸王力争，禍患方始，今日逃難，未是擇君之秋。吾家再世爲始興郡，遺愛在人，政可南行以存家門耳。"乃與弟彤及宗親等百餘人南奔嶺表。[2]時始興人歐陽頠爲衡州刺史，[3]乃往依焉。

[1]梁元帝：蕭繹。字世誠，梁武帝第七子。本書卷八、《梁書》卷五有紀。

[2]肜：按，《陳書》卷二一《蕭引傳》作“彤”。

[3]歐陽頠：字靖世，長沙臨湘（今湖南長沙市）人。家世爲郡豪族。本書卷六六、《陳書》卷九有傳。　衡州：州名。南朝梁武帝天監六年（507）置。治含洭縣，在今廣東英德市浛洸鎮。

頠還廣州病死，子紇領其衆，引疑紇異圖，因事規正，由是情禮漸疏。及紇反，時都下士人岑之敬、公孫挺等並惶駭，唯引怡然，謂之敬等曰：“管幼安、袁曜卿亦但安耳。[1]君子正身以明道，直己以行義，亦何憂乎。”及章昭達平番禺，[2]引始北還，拜尚書金部侍郎。[3]

[1]管幼安：管寧。字幼安，北海朱虚（今山東臨朐縣）人。《三國志》卷一一有傳。　袁曜卿：袁涣。字曜卿，陳郡扶樂（今河南太康縣）人。《三國志》卷一一有傳。　安耳：按，大德本、百衲本同，汲古閣本、殿本作“安坐耳”。

[2]章昭達：字伯通，吴興武康（今浙江德清縣）人。陳將領。本書卷六六、《陳書》卷一一有傳。

[3]尚書金部侍郎：官名。尚書省金部曹長官。掌庫藏、金寶、貨物、權衡、度量等事。梁侍郎六班、郎中五班。陳四品，秩六百石。

引善書，[1]爲當時所重，宣帝嘗披奏事，[2]指引署名曰："此字筆趣翩翩，似鳥之欲飛。"引謝曰："此乃陛下假其毛羽耳。"帝又謂引曰："我每有所忿，見卿輒意解，何也？"引曰："此自陛下不遷怒，[3]臣何預此恩。"

[1]引善書：按，大德本、汲古閣本、殿本、百衲本同，中華本據《陳書》卷二一《蕭引傳》改作"引善隸書"。

[2]宣帝：南朝陳宣帝陳頊。字紹世，小字師利，陳文帝弟。在位十四年（569—582）。本書卷一〇、《陳書》卷五有紀。

[3]不遷怒：語出《論語·雍也》。意即不會遷怒於人。

引性抗直，不事權貴，宣帝每欲遷用，輒爲用事者所裁。及吕梁覆師，[1]戎儲空匱，轉引爲庫部侍郎，掌知營造。引在職一年，而器械充足。歷中書，黄門，吏部侍郎。[2]廣州刺史馬靖甚得嶺表人心，而甲兵精練，每年深入俚洞，數有戰功，朝野頗生異議。宣帝以引悉嶺外物情，且遣引觀靖，審其舉措，諷令送質。及至，靖即悟旨，遣兒弟爲質。

[1]吕梁：城名。在今江蘇徐州市銅山區東南。

[2]吏部侍郎：官名。吏部郎主管官吏選任、銓叙等。資深者可轉侍郎。

後主即位，爲中庶子、建康令。[1]時殿内隊主吴璡及宦者李善度、蔡脱兒等多所請屬，引一皆不許。引始族子密，[2]時爲黄門郎，諫引曰："李、蔡之權，在位皆憚，亦宜少爲身計。"引曰："吾之立身，自有本末，亦安能爲李、蔡致屈；就令不平，不過免職耳。”吴璡竟作飛書，[3]李、蔡證之，坐免官，卒於家。

[1]建康令：官名。南朝以建康爲京縣，以建康令爲主官，屬丹陽尹。陳七品。

[2]引始族子密：按，《陳書》卷二一《蕭引傳》無“始”字。馬宗霍《南史校證》疑本書誤衍（第328頁）。

[3]飛書：匿名信。

子德言最知名。引弟肜，位太子中庶子，南康王長史。

琛字彦瑜，惠開從子也。祖僧珍，宋廷尉卿。父惠訓，齊末爲巴東相。[1]梁武帝起兵，齊和帝於荆州即位，惠訓與巴西太守魯休烈並以郡相抗，惠訓使子璝據上明。[2]建康城平，始歸降。武帝宥之，以爲太中大夫，[3]卒官。

[1]巴東：郡名。治魚復縣，在今重慶奉節縣東白帝城。

[2]上明：城名。在今湖北松滋市北老城西。

[3]太中大夫：官名。南朝多用以安置退免大臣，無職掌。品秩不高，禄賜與卿相當。梁十一班。

琛少明悟，有才辯。數歲時，從伯惠開見而奇之，撫其背曰：“必興吾宗。”起家齊太學博士。[1]時王儉當朝，琛年少，未爲儉所識。負其才氣，候儉宴于樂游，[2]乃著虎皮靴，策桃枝杖，直造儉坐。儉與語大悦。

儉爲時丹陽尹,[3]辟爲主簿。

[1]太學博士：官名。南朝屬國子祭酒，不常置。宋六品。齊官品不詳。

[2]樂游：樂游苑。又名北苑。皇家園林。南朝宋置，位於今江蘇南京市覆舟山（今九華山）一帶。按，大德本、汲古閣本、百衲本同，殿本作“樂游苑”。

[3]爲時：按，大德本、汲古閣本、殿本、百衲本作“時爲”。底本誤，應據諸本改。

永明九年，魏始通好，琛再銜命北使，還爲通直散騎侍郎。[1]時魏遣李彪來使，齊武帝讌之。琛於御筵舉酒勸彪，彪不受，曰:“公庭無私禮，不容受勸。”琛答曰:“《詩》所謂‘雨我公田，遂及我私’。”[2]坐者皆悦服，彪乃受琛酒。

[1]通直散騎侍郎：官名。晋置。簡稱通直郎。與侍中、黄門侍郎等共平尚書奏事。南朝屬集書省，宋以後地位漸低，不被人重。

[2]雨我公田，遂及我私：語出《詩·小雅·大田》。

累遷尚書左丞。[1]時齊明帝用法嚴峻，尚書郎坐杖罰者皆即科行，琛乃密啓曰:“郎有杖起自後漢，尒時郎官位卑，親主文案，與令史不異。故郎三十五人，令史二十人，是以古人多耻爲此職。自魏、晋以來，郎官稍重。今方參用高華，吏部又近於通貴，不應官高昔品，而罰遵曩科。所以從來彈舉，雖在空文，而許以推遷。

或逢赦恩，或入春令，[2]便得息停。宋元嘉、大明中，經有被罰者，别由犯忤主心，非關常準。自泰始、建元以來，[3]未經施行，事廢已久，人情未習。自奉敕之後，已行倉部郎江重欣杖督五十，皆無不人懷慙懼。兼有子弟成長，彌復難爲儀適。[4]其應行罰，可特賜輸贖，使與令史有異，以彰優緩之澤。”帝納之。自是應受罰者，依舊不行。[5]

[1]尚書左丞：官名。尚書省佐官，居尚書右丞上。輔助令、僕射總理臺事，並職掌糾察彈劾。宋六品。齊官品不詳。

[2]春令：高敏《南北史掇瑣》云：“‘春令’一詞，在正史中很少見到，近年江蘇連雲港出土之尹灣漢簡中，有‘春令’成户者官府給予獎勵之文，是‘春令’之獎勵農耕，在漢代已形成制度。此云‘或入春令’，且與‘赦恩’並列，説明‘春令’不單是獎勵農耕之令，而且涉及普通性的恩赦，值得注意。”（中州古籍出版社2003年版，第99頁）

[3]建元：南朝齊高帝蕭道成年號（479—482）。

[4]兼有子弟成長，彌復難爲儀適：此句謂子弟成長而父兄猶受杖，難爲體統，於禮未當也。儀適，禮節、禮貌之意。

[5]“累遷尚書左丞”至“依舊不行”：高敏《南北史掇瑣》云：“按：此段文字，涉及郎官之制及尚書郎受杖罰的歷史演變，爲極有用之政治史料，而且《梁書》卷二六同人傳無此記載，實爲《南史》所補十分寶貴。”（第99頁）

東昏初嗣立，時議無廟見文。琛議據《周頌·烈文》《閔予》，[1]皆爲即位朝廟之典。於是從之。

[1]《周頌·烈文》:《詩·周頌》中一篇，是周王祭祀宗廟祖先所唱之歌。　《閔予》:即《閔予小子》。《詩·周頌》中一篇。

梁武在西邸,[1]與琛有舊。梁臺建，以爲御史中丞。天監九年，累遷平西長史、江夏太守。[2]

[1]西邸：齊竟陵王蕭子良開西邸，招文學，梁武帝與沈約、謝朓、王融、蕭琛等游，號爲西邸八友。

[2]江夏：郡名。治夏口城，在今湖北武漢市武昌區。

始琛爲宣城太守,[1]有北僧南度，唯齎一瓠蘆，中有《漢書·序傳》。僧云:"三輔舊書相傳,[2]以爲班固真本。"琛固求得之，其書多有異今者，而紙墨亦古，文字多如龍舉之例，非隸非篆。琛甚秘之。及是以書餉鄱陽王範,[3]獻于東宫。

[1]宣城：郡名。治宛陵縣，在今安徽宣城市宣州區。

[2]三輔：地區名。轄境相當於今陝西中部。　舊書：按，大德本、汲古閣本、殿本、百衲本同，中華本據《梁書》卷二六《蕭琛傳》改作"舊老"。

[3]鄱陽王範：蕭範。字世儀，梁武帝弟蕭恢子。本書卷五二、《梁書》卷二二有附傳。

後爲吴興太守，郡有項羽廟，土人名爲"憤王"，甚有靈驗，遂於郡聽事安牀幕爲神坐，公私請禱。前後二千石皆於聽拜祠，以軛下牛充祭而避居他室。琛至，著履登聽事，聞室中有叱聲。琛厲色曰:"生不能與漢祖争中原，死據此聽事，何也?”因遷之於廟。又禁殺牛解祀，以脯代肉。琛頻莅大郡，不事産業，有闕則取，不以爲嫌。歷左户、度支二尚書,[1]侍中。

[1]度支尚書：官名。尚書省度支曹長官。掌土地、户口、財賦等。宋三品。梁十三班。即唐代的户部尚書。

帝每朝讌，接琛以舊恩。嘗犯武帝偏諱，帝斂容。琛從容曰:“名不偏諱。[1]陛下不應諱順。”上曰:“各有家風。”琛曰:“其如《禮》何。”又經預御筵醉伏，上以棗投琛，琛仍取栗擲上，正中面。御史中丞在坐，帝動色曰:“此中有人，不得如此，豈有説邪?”琛即答曰:“陛下投臣以赤心，臣敢不報以戰栗。”上笑悦。上每呼琛爲宗老，琛亦奉陳昔恩，以“早簉中陽，夙忝同閈，雖迷興運，猶荷洪慈”。上答曰:“雖云早契闊，乃自非同志。勿談興運初，且道狂奴異。”

[1]名不偏諱：按，大德本、汲古閣本、殿本、百衲本同，中華本補作“二名不偏諱”，其校勘記云:“‘二’字各本並脱，據《禮記》補，下云‘其如《禮》何’，即指《禮記》。”

琛常言:“少壯三好：音律、書、酒。年長以來，二事都廢；唯書籍不衰。”而琛性通脱，常自解竈,[1]事畢餘餕,[2]必陶然致醉。位特進、金紫光禄大夫。[3]卒，遺令諸子:“與妻同墳異藏，祭以蔬菜。葬止車十乘，事存率素。”乘輿臨哭甚哀，謚曰平子。琛所撰《漢書文府》《齊梁拾遺》，并諸文集，數十萬言。

［1］解竈：祭祀竈神。

［2］餘餕：吃剩餘的食物。

［3］特進：官名。魏晋南北朝成爲正式加官名號，用以安置閑退大臣，位在三公下。梁十五班。

子遊，位少府卿。遊子密字士幾，幼聰敏，博學有文詞。位黄門郎，太子中庶子，散騎常侍。

臧燾字德仁，東莞莒人，[1]宋武敬皇后兄也。[2]少好學，善《三禮》，[3]貧約自立，操行爲鄉里所稱。晋太元中，[4]衛將軍謝安始立國學，[5]徐、兖二州刺史謝玄舉燾爲助教。[6]晋孝武帝追崇庶祖母宣太后，[7]議者或謂宜配食中宗。[8]燾議曰："《陽秋》之義，[9]母以子貴，故仲子、成風咸稱夫人。[10]經言考仲子宫，[11]若配食惠廟，則宫無緣别築。前漢孝文孝昭太后並繫子爲號，[12]祭於寢園，不配於高祖、孝武之廟。後漢和帝之母曰恭懷皇后，[13]安帝祖母曰敬隱皇后，[14]順帝之母曰恭愍皇后，[15]雖不繫子爲號，亦祭於陵寢，不配章、安二帝。此則二漢雖有太后皇后之異，至於並不配食，義同《陽秋》。唯光武追廢吕后，故以薄后配高廟。又衛后既廢，霍光追尊李夫人爲皇后，配孝武廟。[16]此非母以子貴之例，直以高、武二廟無配故耳。又漢世立寢於陵，自是晋制所異。謂宜遠準《陽秋》考宫之義，近慕二漢不配之典。尊號既正，則罔極之情申，别建寢廟，則嚴禰之義顯。繫子爲稱，兼明母貴之所由。一舉而允三義，[17]

固哲王之高致也。”議者從之。

[1]東莞：郡名。治莒縣，在今山東莒縣。　莒：縣名。治所在今山東莒縣。

[2]宋武敬皇后：臧愛親。宋武帝劉裕之妻。東晋安帝義熙四年（408）去世，被追謚爲武敬皇后。本書卷一一、《宋書》卷四一有傳。

[3]《三禮》：儒家經典《周禮》《儀禮》《禮記》的合稱。

[4]太元：東晋孝武帝司馬曜年號（376—396）。

[5]謝安：字安石，陳郡陽夏（今河南太康縣）人。《晋書》卷七九有傳。

[6]謝玄：字幼度，謝安兄謝奕子。《晋書》卷七九有附傳。

[7]宣太后：鄭阿春。東晋簡文帝母。《晋書》卷三二有傳。

[8]中宗：即晋元帝司馬睿。廟號中宗。《晋書》卷六有紀。

[9]《陽秋》：指孔子所著《春秋》。晋時避簡文帝母鄭阿春諱改“春”爲“陽”。

[10]仲子：春秋魯惠公妻，魯桓公母。詳見《左傳》隱公元年。　成風：春秋魯莊公妾，魯僖公母。成，謚號。風，姓。天子以夫人之禮賵之，明母以子貴。詳見《左傳》文公五年。

[11]考仲子宫：成仲子宫，安其主而祭祀。事見《左傳》隱公五年。

[12]孝文：即孝文太后。漢文帝母，薄太后。事見《漢書》卷九七上《外戚傳上》。　孝昭太后：漢昭帝母，鉤弋夫人。事見《漢書·外戚傳上》。

[13]恭懷皇后：漢章帝梁貴人，漢和帝母。事見《後漢書》卷一〇上《章德竇皇后紀》。

[14]敬隱皇后：漢章帝宋貴人，漢安帝祖母。事見《後漢書·章德竇皇后紀》。

[15]恭愍皇后：漢安帝宫人李氏，漢順帝母。事見《後漢書》卷一〇下《安思閻皇后紀》。

[16]孝武：按，大德本、汲古閣本、百衲本同，殿本作“武帝”。

[17]一舉而允三義：臧燾認爲：其一義，追尊晋孝武帝庶祖母爲太后，符合《春秋》“母以子貴”的原則；其二義，别建寢廟，爲她立廟；其三義，繫子爲稱，宣太后全稱“簡文宣鄭太后”，符合漢文帝、漢昭帝太后之例。

頃之去官，以父母老家貧，與弟熹俱棄人事，躬耕自業，約己養親者十餘年。父母喪亡，居喪六年，以毁瘠著稱。

宋武帝義旗建，參右將軍何無忌軍事，[1]隨府轉鎮南參軍。[2]武帝鎮京口，參帝中軍軍事，入補尚書度支郎，[3]改掌祠部，[4]襲封高陵亭侯。[5]

[1]何無忌：東海郯（今山東郯城縣）人，劉牢之甥。京口起兵舊人。《晋書》卷八五有傳。

[2]鎮南參軍：官名。即鎮南將軍府參軍。參軍，王公軍府屬官。品位隨府主地位高低而不等。

[3]尚書度支郎：官名。尚書省度支曹長官。掌貢税租賦的統計、調撥、支出等。晋六品。

[4]祠部：官署名。掌祭祀之事。

[5]襲封高陵亭侯：按，中華本校勘記云：“張森楷《南史校勘記》：‘《宋書》無“亭”字。按燾前人初未封侯，何以云襲？疑“襲”字衍。’”

時太廟鴟尾災，[1]燾謂著作郎徐廣曰：[2]“昔孔子在齊聞魯廟災，曰必桓、僖也。今征西、京兆四府君宜在毁落，[3]而猶列廟饗，此其徵乎。”乃上議曰：

[1]太廟：帝王的祖廟。　鴟尾：古代宫殿屋脊兩端瓦製的獸形裝飾物。外形略如鴟尾，因稱。

[2]著作郎：官名。掌編寫國史及起居注。兩晋南北朝爲清要之官。晋六品。　徐廣：字野民，本書避唐太宗李世民諱作“野人”，東莞姑幕（今山東諸城市）人。東晋末著名學者，著《晋紀》。本書卷三三、《晋書》卷八二、《宋書》卷五五有傳。

[3]征西、京兆四府君：指司馬懿的父祖。漢征西將軍司馬鈞、豫章太守司馬量、潁川太守司馬儁、京兆尹司馬防。

臣聞“國之大事，在祀與戎”。[1]將營宫室，宗廟爲首。古先哲王莫不致肅恭之誠心，盡崇嚴乎祖考，然後能流淳化於四海，通幽感於神明，固宜詳廢興於古典，脩情禮以求中者也。[2]

[1]國之大事，在祀與戎：語出《左傳》成公十三年。

[2]脩：按，大德本、汲古閣本、殿本、百衲本同，中華本據《宋書》卷五五《臧燾傳》改作“循”。

《禮》，天子七廟，三昭三穆與太祖而七。自考廟以至祖考五廟，皆月祭之。遠廟爲祧，有二祧，享嘗乃止。[1]去祧爲壇，去壇爲墠，有禱然後祭之，此宗廟之次、親疏之序也。鄭玄以爲祧者文王武王之廟，[2]王肅以爲五世六世之祖。[3]尋去祧之言，則祧非文、武之廟矣。文、武，周之祖宗，何云去祧爲壇乎？明遠廟爲祧者，無服之祖也。又遠廟則有享嘗之降，去祧則有壇墠之殊，明世遠者其義彌疏也。若祧是文、武之廟，宜同月祭於太祖，雖推后稷以配天，[4]由功德之所始，非尊崇之義每有差降也。又《禮》有以多爲貴者，故《傳》稱“德厚者流光，德薄者流卑”。[5]又言自上以下降殺以兩，禮也。[6]此則尊卑等級之典，上下殊異之文。而云天子諸侯俱祭五廟，何哉？又王祭嫡殤，下及來孫。而上祀之禮不過高祖。推隆恩於下流，替誠敬於尊廟，亦非聖人制禮之意也。是以泰始建廟，[7]從王氏議，[8]以《禮》父爲士，子爲天子諸侯，祭以天子諸侯，其尸服以士服。故上及征西，以備六世之數。宣皇雖爲太祖，[9]尚在子孫之位，至於殷祭之日，[10]未申東向之禮，所謂子雖齊聖，[11]不先父食者矣。今京兆以上既遷，太祖始得居正，議者以昭穆未足，欲屈太祖於卑坐，臣以爲非禮典之旨也。所謂與太祖而七，自是昭穆既足，太廟在六世之外，非爲須滿七廟乃得居太祖也。

[1]遠廟爲祧（tiāo），有二祧，享嘗乃止：語出《禮記·祭法》。祧，遠祖的廟。享嘗，四時的祭祀。

[2]鄭玄：字康成，北海高密（今山東高密市）人。東漢經學家。《後漢書》卷三五有傳。

[3]王肅：字子雍，東海郯（今山東郯城縣）人。曹魏經學家。《三國志》卷一三有附傳。

[4]后稷：姬姓，名棄。古代周族始祖。詳見《史記》卷四《周本紀》。

[5]德厚者流光，德薄者流卑：語出《穀梁傳》僖公十五年。

[6]自上以下降殺以兩，禮也：降殺，遞减。詳見《左傳》襄公二十六年。

[7]泰始：西晋武帝司馬炎年號（265—274）。

[8]王氏：王肅。晋武帝是王肅外孫，"故郊祀之禮，有司多從肅議"。

[9]宣皇：司馬懿。其孫司馬炎稱帝，追尊宣皇帝，廟號高祖。《晋書》卷一有紀。

[10]殷祭：盛大的祭典。指三年一次的祖廟大祭（祫）及五年一次合祭諸祖神主的大祭（禘）。

[11]子：按，大德本、殿本、百衲本同，汲古閣本作"子孫"。

議者又以四府君神主，宜永同於殷祫。[1]臣又以爲不然。《傳》所謂毁廟之主，陳乎太祖，謂太祖以下先君之主也。故《白虎通》云：[2]"禘祫祭遷廟者，以其繼君之體，持其統而不絶也。"豈如四府君在太祖之前，[3]非繼統之主，無靈命之瑞，非王業之基。昔以世近而及，今則情禮已遠，而當長饗殷祫，永虚太祖之位，求之禮籍。未見其可。昔永和之初，[4]大議斯禮，于時虞喜、范宣並以洪儒碩學，[5]咸謂四府君神主無緣永存於百世。或欲瘞之兩階，或欲藏之石室，或欲爲之改築，雖所執小異，而大歸是同。若宣皇既居群廟之上，而四主禘祫不已，則大晋殷祭長無太祖之位矣。夫理貴有中，不必過厚，禮與世遷，豈可順而不斷？故臣子之情雖篤，而靈、厲之謚彌彰，追遠之懷雖切，而遷毀之禮爲用。豈不有心於加厚，顧禮制不可踰耳。石室則藏於廟北，改築則未知所處。虞主所以依神，[6]神移則有瘞埋之禮。四主若饗祀宜廢，亦神之所不依也。準傍事例，宜同虞主之瘞埋。然經典難詳，群言錯繆，非臣淺識所能折中。時學者多從薵議，竟未施行。

[1]祫（xiá）：祭名。集合遠近祖先神主於太廟大合祭。

[2]《白虎通》：書名。東漢班固等編撰。集漢代今文經學派之大成。

[3]豈如四府君在太祖之前：按，大德本、汲古閣本、殿本、百衲本同，中華本據《册府元龜》卷五七六於句末補“乎”字。

[4]永和：東晋穆帝司馬聃年號（345—356）。

[5]虞喜：字仲寧，會稽餘姚（今浙江餘姚市）人。《晋書》卷九一有傳。　范宣：字宣子，陳留（今河南開封市）人。尤善《三禮》。《晋書》卷九一有傳。

[6]虞主：古代葬後虞祭時所立的神主。

宋武帝受命，拜太常。雖外戚貴顯，而彌自沖約。茅屋蔬飧，不改其舊。所得奉禄，與親戚共之。永初三年致事，拜光禄大夫，加金章紫綬。卒，少帝贈左光禄大夫。

長子邃，宜都太守。[1]邃子凝之，學涉有當世才，與司空徐湛之爲異常交。[2]年少時，與傅僧祐俱以通家子，[3]始爲文帝所引見。時上與何尚之論鑄錢事，[4]凝之便干其語次，上因回與語。僧祐引凝之衣令止，凝之大言曰："明主難再遇，便應政盡所懷。"上與往復十餘反，凝之辭韻詮序，上甚賞焉。後爲尚書左丞，以徐湛之黨，爲元凶所殺。凝之子寅字士若，事在《沈攸之傳》。寅弟稜，後軍參軍。稜子嚴。

[1]宜都：郡名。治夷道縣，在今湖北枝江市。

[2]司空：官名。三公之一。爲名譽宰相，多爲重臣加官。宋一品。　徐湛之：字孝源，東海郯（今山東郯城縣）人，宋武帝外孫。以廢立事爲劉劭所害。本書卷一五有附傳，《宋書》卷七一有傳。

[3]傅僧祐：北地靈州（今寧夏吴忠市北武市）人，祖父爲宋武帝表弟。有吏才，爲山陰令時以能幹著稱。後因是徐湛之黨羽，被太子劉邵所殺。《宋書》卷五五有附傳。

[4]何尚之：字彦德，廬江灊（今安徽霍山縣）人。本書卷三〇、《宋書》卷六六有傳。

嚴字彦威，幼有孝性，居父憂以毁聞。孤貧勤學，行止書卷不離手。從叔未甄爲江夏郡，攜嚴之官，於途作《屯游賦》，又作《七筭》，辭並典麗。

性孤介，未嘗造請。梁僕射徐勉欲識之，[1]嚴終不詣。累遷湘東王宣惠輕車府參軍兼記室。[2]嚴於學多所諳記，尤精《漢書》，諷誦略皆上口。王嘗自執四部書目試之，[3]嚴自甲至丁卷中各對一事，并作者姓名，遂無遺失。王遷荆州，隨府轉西中郎安西録事參軍，歷義陽、武寧郡守。[4]郡界蠻左，前郡守常選武人以兵鎮之，嚴獨以數門生單車入境，群蠻悦服。後卒於鎮南諮議參軍。文集十卷。[5]

[1]徐勉：字脩仁，東海郯（今山東郯城縣）人。本書卷六〇、《梁書》卷二五有傳。

[2]湘東王：即梁元帝。

[3]四部書目：中國古代書籍分類體系。西晋荀勖分甲、乙、丙、丁四部，創四部分類體系。東晋李充在荀勖分類體系的基礎上，正式確定了四部排列順序。至唐始將四部名稱改爲經、史、子、集。

[4]義陽：郡名。寄治安鄉縣，在今湖南安鄉縣西南。　武寧：郡名。治樂鄉縣，在今湖北荆門市北。

[5]文集十卷：《隋書·經籍志二》史部雜史類著録臧嚴撰《棲鳳春秋》五卷。《隋書·經籍志四》集部未見文集。

嚴族叔未甄，[1]燾曾孫也。父潭，[2]左户尚書。未甄有才幹，少爲外兄汝南周顒所知，[3]仕梁爲太尉長史。丁所生母憂，三年廬于墓側。歷廷尉卿，[4]江夏太守，卒。子盾。

[1]嚴族叔未甄：按，中華本校勘記云："張森楷《南史校勘記》：'嚴祖凝之與未甄祖潭之爲同産兄弟，則未甄與嚴父稜爲同堂從兄弟，當云嚴從叔未甄。'按上《臧嚴傳》亦作'嚴從叔未甄'。"

[2]潭：按，大德本、汲古閣本、殿本、百衲本同，中華本據《宋書》卷五五《臧燾傳》、《梁書》卷四二《臧盾傳》改作"潭

之”。

[3]周顒：字彦倫，汝南安成（今河南汝南縣）人。泛涉百家，長於佛理。又工散隸書法，精音韻。本書卷三四有附傳，《南齊書》卷四一有傳。

[4]廷尉卿：官名。掌刑獄。南朝又置建康三官，分掌刑法審判，廷尉職權較漢爲輕。梁十一班。

盾字宣卿，幼從徵士琅邪諸葛璩受《五經》。[1]璩學徒常有數十百人，盾處其間，無所狎比。璩曰："此生王佐才也。"爲尚書中兵郎。[2]美風姿，善容止，每趨奏，梁武帝甚悦焉。入兼中書通事舍人。

[1]諸葛璩：字幼玫，琅邪陽都（今山東沂南縣）人。世居京口。本書卷七六、《梁書》卷五一有傳。

[2]尚書中兵郎：官名。尚書省中兵曹長官。掌都城畿内軍隊的政令。梁五班。

盾有孝性，嘗隨父宿直廷尉府，母劉氏在宅夜暴亡，盾左手中指忽痛不得寢。及旦，宅信果報凶問，其感通如此。服未終，父卒，居喪五年，不出廬户，形骸枯悴，家人不識。武帝累敕抑譬。後累遷御史中丞，性公强，甚稱職。

中大通五年，[1]帝幸同泰寺開講，[2]設四部大會，[3]衆數萬人。南越所獻馴象忽於衆中狂逸，衆皆駭散，唯盾與散騎侍郎裴之禮嶷然自若，[4]帝甚嘉焉。

[1]中大通：南朝梁武帝蕭衍年號（529—534）。

[2]同泰寺：六朝佛寺。在今江蘇南京市雞籠山東麓。梁武帝曾四次捨身同泰寺。侯景之亂，該寺被毁。

[3]四部大會：佛教法會名。爲賢聖道俗上下貴賤無遮，平等行財施和法施的法會。

[4]裴之禮：字子義，河東聞喜（今山西聞喜縣）人，裴邃子。本書卷五八、《梁書》卷二八有附傳。

大同二年，爲中領軍。領軍管天下兵要，監局事多，盾爲人敏贍，有風力，長於撥繁，職事甚理。先是吴平侯蕭景居此職著聲，[1]至是盾復繼之。後卒於領軍將軍，謚曰忠。

[1]吴平侯蕭景：本名昺，唐人避唐高祖李淵父李昞諱改，字子昭，梁武帝從弟。本書卷五一、《梁書》卷二四有傳。

盾弟厥字獻卿，亦以幹局稱。爲晋安太守，[1]郡居山海，常結聚逋逃，前二千石討捕不能止。厥下車宣化，凶黨皆襁負而出，自是居人復業。然政嚴，百姓謂之臧彪。前後再兼中書通事舍人，[2]卒於兼司農卿。[3]

[1]晋安：郡名。治候官縣，在今福建福州市。

[2]兼：官制術語。暫時代理之義，帶有試用性質。

[3]司農卿：官名。主農功倉廪事。梁十一班。

厥前後居職，所掌之局大事及蘭臺廷尉所不能决者，悉並付厥。[1]辯斷精明，咸得其理。卒後，有撾登聞鼓訴求付清直舍人，帝曰："臧厥既亡，此事便無所付。”其見知如此。子操，尚書三公郎。[2]

[1]悉並付厥：按，大德本、殿本同，汲古閣本、百衲本作“敕並付厥”。

[2]尚書三公郎：官名。尚書省三公曹長官。南朝屬吏部尚書，掌官吏選舉。梁侍郎六班，郎中五班。

熹字義和，燾之弟也，與燾並好經學。隆安初兵起，[1]熹乃習騎射，志立功名。嘗與溧陽令阮崇獵，[2]遇猛獸突圍，獵徒並散，熹射之，應弦而倒。

[1]隆安：東晋安帝司馬德宗年號（397—401）。

[2]溧陽：縣名。治所在今江蘇溧陽市西北。

從宋武入京城，進至建鄴。桓玄走，武帝便使熹入宫收圖書器物，封府庫。有金飾樂器，武帝問熹：“卿欲此乎？”熹正色曰：“主上幽逼，播越非所，將軍首建大義，劬勞王室，雖復不肖，實無情於樂。”帝笑曰：“聊以戲耳。”以建義功，封始興縣五等侯，參武帝車騎、中軍軍事。

武帝將征廣固，[1]議者多不同，熹贊成其行。

[1]廣固：地名。在今山東青州市西北。南燕政權建都於此。

武帝遣朱齡石統大衆伐蜀，[1]命熹奇兵出中水，[2]領建平、巴東二郡太守。蜀主譙縱遣大將譙撫之屯牛脾，[3]又遣譙小苟重兵塞打鼻。[4]熹至牛脾，撫之敗走，追斬之，成都平。熹遇疾卒於蜀，追贈光禄勳。

[1]朱齡石：字伯兒，沛郡沛（今江蘇沛縣）人。時爲伐蜀元帥。本書卷一六、《宋書》卷四八有傳。

[2]中水：水名。亦作中江。即今四川中部沱江。六朝以來有中水之稱。

[3]牛脾：城名。一名牛鞞，在今四川簡陽市西北。

[4]打鼻：山名。在今四川眉山市彭山區南岷江西岸。

子質字含文，少好鷹犬，善蒱博意錢之戲。[1]長六尺七寸，[2]出面露口，[3]頹頂拳髮。[4]初爲世子中軍參軍，嘗詣護軍趙倫之，倫之名位已重，不相接。質憤然起曰："大丈夫各以老嫗作門户，何至以此中相輕。"倫之慙謝，質拂衣而去。

[1]蒱博意錢：古代的賭博游戲。

[2]長六尺七寸：約合今164釐米。南朝度制，一尺十寸，約合今24.5釐米。

[3]出面：面部前突。

[4]頹：頭禿貌。　拳髮：頭髮捲曲。拳，通"蜷"。

後爲江夏王義恭撫軍參軍，以輕薄無檢，爲文帝所嫌，徙給事中。會稽長公主每爲之言，[1]乃出爲建平太守，[2]甚得蠻楚心。歷竟陵内史，[3]巴東建平三郡太守，[4]吏人便之。質年始出三十，屢居名郡，涉獵文史，尺牘便敏，有氣幹，好言兵。文帝謂可大任，以爲徐、兖二州刺史，加都督。在鎮奢淩，[5]爵命無章，爲有司所糺。遇赦。與范曄、徐湛之等厚善。[6]曄謀反，量質必與之同。會事發，復爲義興太守。[7]

[1]會稽長公主：劉興弟。宋孝武臧皇后所生，與臧質爲姑表姐弟。

[2]建平：郡名。治巫縣，在今重慶巫山縣。

[3]竟陵：郡名。治石城，在今湖北鍾祥市。

[4]三郡：按，《宋書》卷七四《臧質傳》作“二郡”。按，作“二郡”是。

[5]淩：按，大德本、殿本同，汲古閣本、百衲本作“費”。

[6]范曄：字蔚宗，順陽（今河南淅川縣）人。士族出身。因涉及孔熙先等欲迎立劉義康事，被殺。本書卷三三有附傳，《宋書》卷六九有傳。　厚善：友善，交好。

[7]義興：郡名。治陽羨縣，在今江蘇宜興市。

二十七年，遷南譙王義宣司空司馬、南平内史。未之職，會魏太武帝圍汝南，[1]戍主陳憲固守告急，[2]文帝遣質輕往壽陽，與安蠻司馬劉康祖等救憲。[3]後太武率大衆數十萬劫彭城，[4]以質爲輔國將軍北救。始至盱眙，[5]太武已過淮。二十八年正月，太武自廣陵北返，悉力攻盱眙，就質求酒。質封溲便與之，[6]大武怒甚，[7]築長圍一夜便合。質報太武書云：“爾不聞童謡言邪？虜馬飲江水，佛狸死卯年。冥期使然，非復人事。寡人受命相滅，期之白登，[8]師行未遠，爾自送死，豈容復令爾饗有桑乾哉。[9]假令寡人不能殺爾，爾由我而死。爾若有幸，得爲亂兵所殺；爾若不幸，則生相鎖縛，載以一驢，負送都市。[10]爾識智及衆，豈能勝符堅邪？[11]頃年展爾陸梁者，是爾未飲江太歲未卯故耳。”時魏地童謡曰：“軺車北來如穿雉，不意虜馬飲江水。虜主北歸石濟死，[12]虜欲度江天不徙。”故答書引之。太武大怒，乃作鐵牀，於上施鐵鑱，[13]“破城得質，[14]當坐之此上”。質又與魏軍書，寫臺格購斬太武封萬户侯，[15]賜布絹各萬疋。

[1]魏太武帝：拓跋燾。小字佛狸。在位三十年（423—452）。《魏書》卷四、《北史》卷二有紀。

[2]成主陳憲固守告急：時以弱兵固守四十二日，對宋在懸瓠之戰中取勝起了很大作用。事見《宋書》卷九五《索虜傳》。按，成主，大德本同，汲古閣本、百衲本作“戍主”，殿本作“城主”。

[3]劉康祖：彭城吕（今江蘇徐州市銅山區）人，劉虔之之子。本書卷一七、《宋書》卷五〇有傳。

[4]劫：按，大德本、殿本同，汲古閣本、百衲本作“向”。

[5]盱眙：郡名。治盱眙縣，在今江蘇盱眙縣東北。

[6]溲便：尿，小便。

[7]大武：按，大德本同，汲古閣本、殿本、百衲本作“太武”。上下文皆作“太武”。“太武”是。

[8]白登：山名。在今山西大同市東北。借指北魏都城平城。

[9]桑乾：水名。源出今山西朔州市桑乾山，東入河北流入永定河。喻指北魏所統疆域。

[10]負送：按，大德本、百衲本同，殿本作“直送”，汲古閣本作“負近”。

[11]符堅：字永固，十六國時前秦國主。在位二十八年（357—384）。曾武力統一北方大部分地區。《晋書》卷一一三、卷一一四有載記。

[12]石濟：又作棘津。在今河南滑縣西南古黄河畔。

[13]鐵鑱（chán）：鐵製的錐刺。

[14]破城得質：按，大德本、汲古閣本、殿本、百衲本同，中華本據《宋書》卷七四《臧質傳》於句前補“云”字。

[15]臺格：朝廷所設的賞格。

魏以鉤車鉤垣樓，城内繫絙，[1]數百人叫呼引之，車不能退。質夜以木桶盛人，縣出城外，截鉤獲之。[2]明日又以衝車攻城，土堅密，每頹落下不過數斗。[3]魏軍乃自薄登城，[4]墜而復升，莫有退者。殺傷萬計，死者與城平。如此三旬，死者過半，太武乃解圍而歸。上嘉質功，以爲寧蠻校尉、雍州刺史、監四州諸軍事。明年，文帝又北侵，使質率見力向潼關。[5]質頓兵不肯時發，又顧戀嬖妾，棄軍營壘，單馬還城，散用臺庫見錢六七百萬，爲有司所糾，上不問。

[1]絙（gēng）：通“緪”。大的繩索。

[2]截鉤獲之：按，大德本、汲古閣本、殿本、百衲本同，中華本據《資治通鑑》卷一二六《宋紀八》補作“截其鉤獲之”。

[3]每頹落下不過數斗：按，大德本、汲古閣本、殿本、百衲本同，中華本據《宋書》卷七四《臧質傳》、《資治通鑑·宋紀八》作“每至，頹落下不過數斗”。

[4]自薄：按，大德本、汲古閣本、百衲本同，殿本、中華本“自”作“肉”。

[5]潼關：地名。在今陝西潼關縣北，渭河入黄河處南岸。

元凶弑立，[1]以質爲丹楊尹。質家遣門生師顗報質，具言文帝崩問。[2]質使告司空義宣及孝武帝，而自率衆五千馳下討逆，自陽口進江陵見義宣。[3]時質諸子在都，聞質舉義，並逃亡。義宣始得質報，即日舉兵馳信報孝武，板進質號征北將軍。[4]孝武即位，加質車騎將軍、開府儀同三司、都督江州諸軍事。[5]使質自白下步上，[6]薛安都、程天祚等亦自南掖門入，[7]與質同會太極殿庭，[8]生禽元凶，仍使質留守朝堂，封始興郡公。之鎮，舫千餘乘，部伍前後百餘里，六平乘並施龍子幡。[9]

[1]弒：按，大德本、汲古閣本、殿本同，百衲本作“殺”。

[2]崩問：皇帝去世的消息。

[3]陽口：即楊口。在今湖北潜江市西北。爲古楊水入沔水之口。

[4]板進：又作板授。指地方軍政長官自行選用官員，未經吏部正式任命，而由州、府的户曹行板文委派。

[5]車騎將軍：官名。南朝爲重號將軍。多作爲軍府名號以加授大臣或重要州郡長官。宋二品。　江州：州名。治柴桑縣，在今江西九江市西南。

[6]白下：城名。在今江蘇南京市北、幕府山南麓。北臨大江，爲建康北郊的軍事要地。

[7]薛安都：字休達，河東汾陰（今山西萬榮縣）人。本書卷四〇、《宋書》卷八八、《魏書》卷六一、《北史》卷三九有傳。　程天祚：冀州廣平（今河北雞澤縣）人。宋文帝元嘉時爲殿中將軍，於汝陽督戰被北魏俘虜。因善針灸，受到魏太武帝賞識，封南安郡公。後歸宋任山陽太守。事見本書卷四〇《魯爽傳》。

[8]太極殿：南朝宋皇宫主殿名。

[9]平乘：大船。　龍子幡：繪有蛟龍圖形的旗幟。南方俗謂

可避蛟龍之害。

時孝武自攬威權，而質以少主遇之，刑政慶賞，不復諮禀朝廷，自謂人才足爲一世英傑。始聞國禍，便有異圖，以義宣凡闇易制，欲外相推奉以成其志。及至江陵，便致拜稱名。質於義宣雖爲兄弟，而年近大十歲。義宣驚曰："君何意拜弟？"質曰："事中宜然。"[1]時義宣已推崇孝武，故其計不行。每慮事泄，及至新亭，又拜江夏王義恭。義恭愕然，問質所以。質曰："天下屯危，禮異常日，前在荆州，亦拜司空。"

[1]事中宜然：謂國家多事之中，宜相推奉。

會義宣有憾於孝武，質因此密信説誘，陳朝廷得失。又謂震主之威不可持久。[1]質無復異同，納其説。[2]且義宣腹心將佐蔡超、竺超人等咸有富貴情願，[3]又勸義宣。義宣時未受丞相，質子敦爲黄門侍郎，奉詔敦勸，道經尋陽，[4]質令敦具更譬説義宣。義宣意乃定，馳報豫州刺史魯爽，[5]期孝建元年秋同舉。

[1]不可持久：按，大德本、百衲本同，汲古閣本、殿本此句下有"質女爲義宣子採妻謂"九字。"謂"屬下句讀。中華本又據《通志》卷一三二改"採"爲"悰"，其校勘記云："'悰'各本作'採'，據《通志》改。按《宋書·武二王傳》，備載義宣子十八人，無名採者，而悰爲其第三子。"

[2]質無復異同，納其説：謂臧質與劉義宣應同利一心。

［3］蔡超：少有才學，爲南郡王劉義宣諮議參軍，掌書記。從平劉劭亂，以功封汝南縣侯，仍任南郡内史。劉義宣起兵謀反失敗，一同被殺。事見《宋書》卷六八《南郡王義宣傳》。　竺超人：東莞（今山東莒縣）人，青州刺史竺夔之子。爲南郡王劉義宣司馬，劉義宣失敗回江陵，竺超人保全城府，得以不死。《宋書》作“竺超民”，本書避唐太宗李世民諱作“竺超人”。事見《宋書·南郡王義宣傳》、《南齊書》卷四一《張融傳》。

［4］尋陽：郡名。治柴桑縣，在今江西九江市西南。

［5］魯爽：小字女生，扶風郿（今陝西眉縣）人。宋孝武帝即位，隨南譙王劉義宣起兵謀反，兵敗被殺。本書卷四〇、《宋書》卷七四有傳。

爽失旨，[1]即起兵，遣人至都報弟瑜，席卷奔叛。瑜弟弘爲質府佐，孝武馳使報質誅弘，於是執臺使，狼狽舉兵，馳報義宣。孝武遣撫軍將軍柳元景統豫州刺史王玄謨等屯梁山洲，[2]内岸築偃月壘，[3]水陸待之。元景檄書宣告，而義宣亦相次係至。江夏王義恭書曰：“昔桓玄借兵於仲堪，[4]有似今日。”義宣由此與質相疑。質進計曰：“今以萬人取南州，[5]則梁山中絶，萬人綴玄謨，必不敢輕動。質浮舟外江，直向石頭，[6]此上略也。”義宣將從之，義宣客顔樂之説義宣曰：“質若復拔東城，則大功盡歸之矣。宜遣麾下自行。”義宣遣腹心劉諶之就質陳軍城南。玄謨留羸弱守城，悉精兵出戰。薛安都騎軍前出，垣護之督諸將繼之，[7]乃大潰。質求義宣欲計事，密已走矣。質不知所爲，亦走至尋陽，焚府舍，載妓妾入南湖，[8]摘蓮噉之。追兵至，以荷覆頭，沈於水，出鼻。軍士鄭俱兒望見，[9]射之中心，兵刃亂至，腹胃纏縈水草。隊主裘應斬質，傳首建鄴。録尚書江夏王義恭等奏依漢王莽事，漆其頭藏于武庫，詔可。

［1］失旨：錯誤領會意圖。

［2］柳元景：字孝仁，河東解（今山西臨猗縣）人。本書卷三八、《宋書》卷七七有傳。　王玄謨：字彦德，太原祁（今山西祁縣）人。宋明帝時官至車騎將軍、南豫州刺史。本書卷一六、《宋書》卷七六有傳。　梁山洲：洲名。在今安徽和縣西梁山一帶長江中。《資治通鑑》卷一二八《宋紀十》孝武帝孝建元年胡三省注："時梁山江中有洲，玄謨等舟師據之。"

［3］内：按，大德本同，汲古閣本、殿本、百衲本、中華本作"兩"。　偃月壘：一種半月形的營壘。偃月，半月形。

［4］仲堪：殷仲堪。東晋荆州刺史。事見《晋書》卷九九《桓玄傳》。

［5］南州：姑孰城别名。在今安徽當塗縣。

［6］石頭：城名。在今江蘇南京市清凉山。此指京師建康。

［7］垣護之：字彦宗，略陽桓道（今甘肅隴西縣）人。本書卷二五、《宋書》卷五〇有傳。

［8］南湖：湖名。一名五丈湖。在今湖北鄂州市南洋瀾湖。

［9］軍士：按，大德本、汲古閣本、殿本、百衲本同，中華本據《宋書》卷七四《臧質傳》、《資治通鑑》卷一二八《宋紀十》改作"軍主"。

論曰：趙倫之、蕭思話俱以外戚之親，並接風雲之會，言親則在趙爲密，論望則於蕭爲重。[1]古人云"人能弘道"，蓋此之謂乎。惠開親禮雖篤，弟隙尤著，方寸之内，孝友異情。嶮於山川，有驗於此。臧氏文義之美，傳于累代，含文以致誅滅，好亂之所致乎。

[1]論望則於蕭爲重：蘭陵蕭氏是南朝重要僑姓之一。蕭思話一支屬皇舅房，梁武帝的後裔爲齊梁房。蘭陵蕭氏在隋唐政權中也有影響。

南史　卷一九

列傳第九

謝晦 兄瞻 弟曜 從叔澹　謝裕 子恂 玄孫微 裕弟純 述 孫朓
謝方明 子惠連　謝靈運 孫超宗 曾孫幾卿

謝晦字宣明，陳郡陽夏人，[1]晉太常裒之玄孫也。[2]裒子奕、據、安、萬、鐵，[3]並著名前史。據子朗字長度，位東陽太守。[4]朗子重字景重，位會稽王道子驃騎長史。[5]重生絢、瞻、晦、曜、遯。絢位至宋文帝鎮軍長史，早卒。[6]晦初爲孟昶建威府中兵參軍。[7]昶死，帝問劉穆之，[8]昶府誰堪入府？穆之舉晦，即命爲太尉參軍。

[1]陳郡：郡名。治陳縣，在今河南周口市淮陽區。　陽夏：縣名。治所在今河南太康縣。凡東晉、南朝僑人，史籍上照例都從原籍，並非實際此地。

[2]裒（póu）：謝裒。謝安父。事見《晉書》卷七九《謝安傳》。

[3]弈：按，百衲本同，汲古閣本、殿本作“奕”。應作“奕”。謝奕，《晉書》卷七九有附傳。

[4]東陽：郡名。治長山縣，在今浙江金華市。

[5]長史：官名。爲所在官署掾屬之長，故有元僚之稱。

[6]絢位至宋文帝鎮軍長史，早卒：按，汲古閣本、殿本、百衲本同，中華本改“宋文帝”作“宋武帝”，其校勘記云：“‘宋武帝’各本作‘宋文帝’。按《宋武帝紀》，帝於晉元興三年爲鎮軍將軍，義熙元年進爲車騎將軍，絢之卒當在此時，故云‘早卒’。宋文帝無爲鎮軍事；且絢先其弟謝晦卒，而晦卒於宋文帝元嘉三年，若作‘宋文帝’，則不當云‘早卒’矣。《宋書》‘絢高祖鎮軍長史蚤卒’，高祖，宋武帝也。今改正。”應從改。

[7]孟昶：字彦達，城陽平昌（今山東諸城市）人。桓玄稱帝，與劉裕起兵征討，盡散家財以供軍糧。拜丹陽尹，累遷吏部尚書、尚書右僕射。晉安帝義熙六年（410）盧循起事，晉軍累敗，遂自殺。事見《晉書》卷一〇《安帝紀》、《宋書》卷一《武帝紀上》等。　中兵參軍：官名。王公軍府屬官。掌本府中兵曹事務，兼備參謀咨詢。其品位隨府主地位高低不等。

[8]劉穆之：字道和，小字道民，東莞莒（今山東莒縣）人，世居京口（今江蘇鎮江市）。建謀畫策，甚爲劉裕所倚重。本書卷一五、《宋書》卷四二有傳。

武帝嘗訊獄，其旦，刑獄參軍有疾，以晦代之。晦車中一覽訊牒，隨問，酬對無失。帝奇之，即日署刑獄賊曹。[1]累遷太尉主簿。從征司馬休之，[2]時徐逵之戰死，[3]帝將自登岸，諸將諫不從。晦持帝，[4]帝曰：“我斬卿。”晦曰：“天下可無晦，不可無公，晦死何有。”會胡藩登岸，[5]賊退，乃止。

[1]刑獄賊曹：官署名。東晋末劉裕丞相府分賊曹而置，掌盗賊刑獄。南朝沿置。成爲公府、將軍府屬曹，長官爲參軍。

[2]司馬休之：字季預。晋宗室。時任荆州刺史，東晋安帝義熙十一年（415）起兵反對劉裕，兵敗，逃奔後秦。《晋書》卷三七有附傳。

[3]徐逵之：東海郯（今山東郯城縣）人，徐湛之父。娶劉裕長女爲妻。本書卷一五有附傳。

[4]晦持帝：按，汲古閣本、殿本、百衲本同，中華本據《宋書》卷四四《謝晦傳》補作“晦抱持帝”。

[5]胡藩：字道序，豫章南昌（今江西南昌市）人。劉裕起兵，召爲參軍，屢從征伐南燕、盧循、劉毅、司馬休之、後秦，累立戰功。官至太子左衛率。本書卷一七、《宋書》卷五〇有傳。

晦美風姿，善言笑，眉目分明，鬒髮如墨。涉獵文義，博贍多通，時人以方楊德祖，[1]微將不及。晦聞猶以爲恨。帝深加愛賞，從征關、洛，[2]内外要任悉委之。帝於彭城大會，[3]命紙筆賦詩，晦恐帝有失，起諫帝，即代作曰：“先蕩臨淄穢，却清河洛塵，華陽有逸驥，桃林無伏輪。”於是群臣並作。時謝琨風華爲江左第一，[4]嘗與晦俱在武帝前，帝目之曰：“一時頓有兩玉人耳。”

[1]楊德祖：楊脩。字德祖，弘農華陰（今陝西華陰市）。出身大族。好學能文，才思敏捷。《後漢書》卷五四有附傳。

[2]關、洛：關中、洛陽。指後秦政權。

[3]彭城：地名。在今江蘇徐州市。

[4]謝琨：按，汲古閣本、殿本、百衲本同，中華本據《通志》卷一三二改作“謝混”。應從改。下文云“琨”均應爲“混”，

不再出注。謝混，字叔源，謝安孫，東晉孝武帝婿。晉宋之際謝氏家族的領袖人物。因與劉毅交厚，坐罪處死。《晉書》卷七九有附傳。

劉穆之遣使陳事，晦往往異同，穆之怒曰："公復有還時不？"及帝欲以晦爲從事中郎，[1]穆之堅執不與，故終穆之世不遷。及穆之喪問至，帝哭之甚慟，曰："喪我賢友。"晦時正直，喜甚，自入閤参審。其日教出，轉晦從事中郎。宋臺建，[2]爲右衛將軍，加侍中。[3]

[1]從事中郎：官名。東晉、南朝公府置。僅次於長史、司馬。其職依時依府而異，或主吏，或分掌諸曹，或掌機密，或参謀議，地位較高。晉六品。

[2]宋臺建：指劉裕受封宋公，建臺治事。據本書卷一《宋武帝紀》，時在晉安帝義熙十二年（416）。

[3]侍中：官名。門下省長官。参預機密政務，掌規諫及賓贊威儀，乃至封駁、平省尚書奏事等。晉三品。

武帝聞咸陽淪没，欲復北伐，晦諫以士馬疲怠，乃止。於是登城北望，慨然不悦，乃命群僚誦詩，晦詠王粲詩曰：[1]"南登霸陵岸，回首望長安，悟彼下泉人，[2]喟然傷心肝。"帝流涕不自勝。及帝受命，於石頭登壇，備法駕入宮，晦領游軍爲警。加中領軍，[3]封武昌縣公。

[1]王粲：字仲宣，山陽高平（今山東鄒城市）人。建安七子之一。《三國志》卷二一有傳。王粲詩句，見《文選》卷二三王仲宣《七哀詩》。

[2]下泉人：指所謂明王賢君。下泉，《詩·曹風》篇名。據説是人民遭遇亂世，想念明王賢君的作品。

[3]中領軍：官名。南朝時掌禁衛軍及京都諸軍，爲禁衛軍最高統帥。資深者爲領軍將軍，資淺者爲中領軍。宋三品。

永初二年，[1]坐行璽封鎮西司馬南郡太守王華，[2]而誤封北海太守球，板免晦侍中。尋轉領軍將軍，加散騎常侍，[3]依晋中軍羊祜故事，[4]入直殿省，總統宿衛。及帝不豫，給班劍二十人，[5]與徐羡之、傅亮、檀道濟並侍醫藥。[6]少帝即位，加中書令，[7]與徐、傅輔政。及少帝廢，徐羡之以晦領護南蠻校尉、荆州刺史，[8]加都督，[9]欲令居外爲援。慮文帝至，或别用人，故遽有此授。精兵舊將，悉以配之。文帝即位，晦慮不得去，甚憂惶。及發新亭，[10]顧石頭城喜曰：[11]"今得脱矣。"進封建平郡公，固讓。又給鼓吹一部。[12]至江陵，深結侍中王華，冀以免禍。二女當配彭城王義康、新野侯義賓。[13]元嘉二年，[14]遣妻及長子世休送女還都。先是，景平中，[15]魏師攻取河南，至是欲誅羡之等并討晦，聲言北行，又言拜京陵，裝舟艦。傅亮與晦書，言"薄伐河朔，事猶未已，朝野之慮，憂懼者多"。又言"當遣外監萬幼宗往"。[16]時朝廷處分異常，其謀頗泄。三年正月，晦弟黄門侍郎皭馳使告晦，晦猶謂不然，呼諮議參軍何承天示以亮書曰：[17]"計幼宗一二日必至，傅公慮我好事，故先遣此書。"承天曰："外間所聞，咸謂西討已定，幼宗豈有上理？"[18]晦尚謂虚，使承天豫立答詔啓草，北行宜須明年。江夏内史程道慧得尋陽人書，[19]言其事已審，使執晦。[20]晦問計於承天，對曰："蒙將軍殊顧，常思報德，事變至矣，何敢隱情。然明日戒嚴，動用軍法，區區所懷，懼不得盡。"晦懼曰："卿豈欲我自裁哉？"承天曰："尚未至此，其在境外。"晦曰："荆州用武之地，兵糧易給。聊且決戰，走復何晚。吾不愛死，負先帝之顧，如何？"又謂承天曰："幼宗尚未至，若後二三日無消息，便是不復來邪？"承天曰："程説其事已判，豈容復疑。"晦欲焚南蠻兵籍，率見力決戰。士人多勸發兵。晦問諸將："戰士三千足守城乎？"南蠻司馬周超曰："非徒守城；若有外寇，亦可立勳。"司馬庾登之請解司馬、南郡以授之，[21]晦即命超爲司馬，轉登之爲長史。

[1]永初：南朝宋武帝劉裕年號（420—422）。

[2]封：馬宗霍《南史校證》云："余又按此所謂'封'，蓋是遣發文書，加緘於外，封以印璽，以防宣泄也。"（湖南教育出版社2008年版，第338頁）　王華：字子陵，琅邪臨沂（今山東臨沂市）人。本書卷二三、《宋書》卷六三有傳。

[3]散騎常侍：官名。東晉時參掌機密，選望甚重，職任比於侍中。南朝以後隸屬集書省，掌管圖書文翰。地位驟降，用人漸輕。宋三品。

[4]羊祜：字叔子，泰山南城（今山東平邑縣）人。《晋書》卷三四有傳。

[5]班劍：飾有花紋的木劍。漢制，朝服帶劍。至晋代之以木，謂之班劍，虎賁持之，用作儀仗，是皇帝對王公大臣的一種恩賜。

[6]徐羨之：字宗文，東海郯（今山東郯城縣）人。與劉裕一起起兵。宋武帝卒後，與謝晦、傅亮等廢黜少帝，迎立文帝，後爲

文帝所誅。本書卷一五、《宋書》卷四三有傳。　傅亮：字季友，北地靈州（今寧夏吴忠市北武市）人。本書卷一五、《宋書》卷四三有傳。　檀道濟：高平金鄉（今山東嘉祥縣）人。本書卷一五、《宋書》卷四三有傳。

［7］中書令：官名。中書省長官之一，典尚書奏事，掌朝政機密，出納詔命。南朝時多用作重臣加官。宋三品。

［8］護南蠻校尉：官名。立府於江陵，統兵。掌荆州及江州少數民族事務。宋四品。　荆州：州名。治江陵縣，在今湖北荆州市荆州區。

［9］都督：官名。地方軍政長官。魏晋以後，都督諸州軍事多兼任駐地州刺史，爲該地區的軍政長官。分使持節、持節、假節三種，職權各有不同。

［10］新亭：地名。在今江蘇南京市西南。地近江濱，依山築城壘，爲軍事和交通重地。

［11］石頭城：城名。在今江蘇南京市清凉山。六朝時，江流緊迫山麓，城負山面江，南臨秦淮河口，當交通要衝，爲建康軍事重鎮。

［12］鼓吹：演奏鼓吹樂的樂隊。後成爲皇帝賜予臣下的一種禮遇。

［13］彭城王義康：劉義康。宋武帝第四子。本書卷一三、《宋書》卷六八有傳。　新野侯義賓：劉義賓。宋武帝中弟劉道憐子。本書卷一三、《宋書》卷五一有附傳。

［14］元嘉：南朝宋文帝劉義隆年號（424—453）。

［15］景平：南朝宋少帝劉義符年號（423—424）。

［16］外監：官名。負責兵器、兵役徵發等事。多以寒門充任，因侍衛皇帝左右，頗具權勢。

［17］諮議參軍：官名。掌顧問諫議。其位在列曹參軍上，州所置者常帶大郡太守。　何承天：東海郯（今山東郯城縣）人。通曆法，改定《元嘉曆》。本書卷三三、《宋書》卷六四有傳。

[18]上：按，汲古閣本、百衲本同，殿本作“止”。

[19]江夏：郡名。治夏口城，在今湖北武漢市武昌區。

[20]使執晦：按，汲古閣本、殿本、百衲本同，中華本據《宋書》卷四四《謝晦傳》改作“使示晦”。

[21]司馬：官名。軍府高級幕僚。掌參贊軍務，管理府内武職，位僅次於長史。其品秩隨府主高低不等。　庾登之：字元龍，潁川鄢陵（今河南鄢陵縣）人。本書卷三五有附傳，《宋書》卷五三有傳。按，庾登之任荆州軍府司馬、領南郡太守，請求解任於周超。周超衹是南蠻校尉府司馬，南蠻校尉治江陵，號稱小府。

文帝誅羨之等及晦子世休，收瞷、子世平、兄子紹等。[1]晦知訖，先舉羨之、亮哀，次發子弟凶問。既而自出射堂，集得精兵三萬人，乃奉表，言“臣等若志欲專權，不顧國典，便當輔翼幼主，孤背天日，豈得沿流二千，[2]虚館三月，奉迎鑾駕，以遵下武。[3]故廬陵王於滎陽之世，[4]屢彼猜嫌，[5]積怨犯上，自貽非命。不有所廢，將何以興，耿弇不以賊遺君父，[6]臣亦何負於宋室邪”。又言“羨之、亮無罪見誅，王弘兄弟輕躁昧進，[7]王華猜忌忍害”。帝時已戒嚴，尚書符荆州暴其罪狀。[8]

[1]子世平：按，汲古閣本、百衲本同，殿本作“世子平”。中華本據《宋書》卷四四《謝晦傳》補作“瞷子世平”。

[2]二千：按，百衲本同，汲古閣本作“三千”，殿本作“數十”。

[3]下武：謂有聖德能繼承先王功業。《詩·大雅·下武》：“下武維周，世有哲王。”

[4]滎陽：按，汲古閣本、殿本、百衲本同，中華本據《宋

書·謝晦傳》改作“營陽”，其校勘記云：“‘營陽’各本作‘滎陽’。按營陽指宋少帝，廬陵王謂義真。‘滎陽’誤，據《宋書》改。”應從改。

[5]彼：按，汲古閣本、百衲本同，殿本作“被”。

[6]耿弇：字伯昭，扶風茂陵（今陝西興平市）人。東漢開國功臣。《後漢書》卷一九有傳。

[7]王弘兄弟：指王弘、王曇首。王弘，字休元，琅邪臨沂（今山東臨沂市）人。琅邪王氏代表人物。本書卷二一、《宋書》卷四二有傳。

[8]符：中央下達地方的文書。

晦率衆二萬發自江陵，舟艦列自江津至于破冢，[1]旗旌相照。歎曰：“恨不得以此爲勤王之師。”移檄建鄴，言王弘、曇首、王華等罪。又上表陳情。初，晦與徐、傅謀爲自全計：晦據上流，檀鎮廣陵，各有强兵，足制朝廷；羨之、亮於中知權，可得持久。及帝將行，召檀道濟委之以衆。晦始謂道濟不全，[2]及聞其來，大衆皆潰。晦得小船還江陵。

[1]江津：戍名。在今湖北荆州市南長江中。　破冢：地名。在今湖北荆州市荆州區（故江陵縣城）東南長江東岸。

[2]始：按，殿本、百衲本同，汲古閣本作“數”。

初，雍州刺史劉粹遣弟竟陵太守道濟與臺軍主沈敞之襲江陵，[1]至沙橋，周超大破之。俄而晦至江陵，無佗，唯愧周超而已。[2]超其夜詣到彦之降，[3]晦乃攜弟遯兄子世基等七騎北走。遯肥不能騎馬，晦每待不得速。

至安陸延頭,[4]晦故吏戍主光順之檻送建鄴。於路作悲人道以自哀。

［1］雍州：僑州名。治襄陽縣，在今湖北襄陽市。　劉粹：字道沖，沛郡蕭（今安徽蕭縣）人。本書卷一七、《宋書》卷四五有傳。

［2］無佗，唯愧周超而已：按，汲古閣本、殿本、百衲本同，中華本據《宋書》卷四四《謝晦傳》改作“無他處分，唯愧謝周超而已”。

［3］到彦之：字道豫，彭城武原（今江蘇邳州市）人。本書卷二五有傳。

［4］安陸：縣名。治所在今湖北安陸市。　延頭：戍名。在今湖北大悟縣東南。

周超既降，到彦之以參府事。劉粹遣告彦之，沙橋之事，敗由周超。彦之乃執與晦等並伏誅。

世基，絢之子也。有才氣，臨死爲連句詩曰:“偉哉横海鱗，壯矣垂天翼。一旦失風水，飜爲螻蟻食。”晦續之曰:“功遂侔昔人，保退無智力。既涉太行險，斯路信難陟。”

晦女爲彭城王義康妃，聰明有才貌，被髪徒跣與晦訣曰:“阿父，大丈夫當横屍戰場，奈何狼藉都市。”言訖叫絶，行人爲之落淚。

晦死時年三十七。庾登之、殷道鸞、何承天自晦下並見原。

瞻字宣遠，一曰名檐字通遠，晦次兄也。六歲能屬文，爲《紫石英贊》《果然詩》，爲當時才士歎異。與從叔琨、族弟靈運俱有盛名。嘗作《喜霽詩》，靈運寫之，琨詠之。王弘在坐，以爲三絶。

瞻幼孤，叔母劉撫養有恩，兄弟事之同於至親。劉弟柳爲吴郡，[1]將姊俱行，瞻不能違遠，自楚臺秘書郎解職隨從，[2]故爲柳建威長史。後爲宋武帝相國從事中郎。晦時爲宋臺右衛，權遇已重，於彭城還都迎家，賓客輻凑。時瞻在家，驚駭謂晦曰："吾家以素退爲業，[3]汝遂勢傾朝野，此豈門户福邪。"乃籬隔門庭，曰："吾不忍見此。"後因宴集，靈運問晦："潘、陸與賈充優劣。"[4]晦曰："安仁諂於權門，士衡邀競無已，並不能保身，自求多福。公閭勳名佐世，不得爲並。"靈運曰："安仁、士衡才爲一時之冠，方之公閭，本自遼絶。"瞻斂容曰："若處貴而能遺權，斯則是非不得而生，傾危無因而至。君子以明哲保身，其在此乎。"常以裁止晦如此。

[1]柳：劉柳。字叔惠，南陽（今河南南陽市）人。《晋書》卷六一有附傳。　吴郡：郡名。治吴縣，在今江蘇蘇州市。

[2]楚臺：指桓玄建立的楚政權，僅存在兩年（403—404）。

[3]素退：樸素恬退。

[4]潘：潘岳。字安仁，滎陽中牟（今河南中牟縣）人。《晋書》卷五五有傳。　陸：陸機。字士衡，吴郡（今江蘇蘇州市）人。《晋書》卷五四有傳。　賈充：字公閭，平陽襄陵（今山西臨汾市）人。《晋書》卷四〇有傳。

及還彭城，言於武帝曰："臣本素士，[1]父祖位不過二千石。弟年始三十，志用凡近，位任顯密，福過災生，特乞降黜，以保衰門。"前後屢陳。帝欲以瞻爲吴興郡，[2]又自陳請，乃爲豫章太守。[3]

[1]素士：謝瞻自稱素士，衹因父祖官位不顯，又無國封。此與宗室或公侯貴顯相對而言（參見唐長孺《魏晋南北朝史論拾遺》，中華書局1983年版，第250頁）。

[2]吴興：郡名。治烏程縣，在今浙江湖州市。

[3]豫章：郡名。治南昌縣，在今江西南昌市。

晦或以朝廷密事語瞻，瞻輒向親舊説以爲戲笑，以絶其言。晦遂建佐命功，瞻愈憂懼。永初二年，在郡遇疾不療，幸於不永。晦聞疾奔波，瞻見之曰："汝爲國大臣，又總戎重，萬里遠出，必生疑謗。"時果有詐告晦反者。

瞻疾篤還都，帝以晦禁旅，不得出宿，使瞻居于晋南郡公主壻羊賁故第，在領軍府東門。瞻曰："吾有先人弊廬，何爲於此?"臨終遺晦書曰："吾得歸骨山足，亦何所多恨。弟思自勉，爲國爲家。"卒時年三十五。

瞻文章之美，[1]與從叔琨、族弟靈運相抗。靈運父瑍無才能，爲秘書郎早卒，[2]而靈運好臧否人物。琨患之，欲加裁折，未有其方。謂瞻曰："非汝莫能。"[3]乃與晦、瞻、弘微等共游戲，[4]使瞻與靈運共車。靈運登車便商較人物，瞻謂曰："秘書早亡，談者亦互有同異。"靈運默然，言論自此衰止。

［1］瞻文章之美：《隋書·經籍志四》集部别集類著録宋豫州太守《謝瞻集》三卷。

［2］秘書郎：官名。典校書籍。南朝以來爲清流美職，多爲世家甲族子弟起家之選。宋六品。

［3］莫：按，殿本、百衲本同，汲古閣本作“不”。

［4］瞻：按，汲古閣本、殿本、百衲本同，中華本據《宋書》卷五六《謝瞻傳》改作“曜”。　弘微：謝弘微。本書卷二〇、《宋書》卷五八有傳。

弟皭字宣鏡，［1］年數歲，所生母郭氏疾，皭晨昏温清，勤容戚顔，未嘗暫改。恐僕役營疾懈倦，躬自執勞，母爲疾畏驚，而微賤過甚，［2］一家尊卑感皭至性，［3］咸納屨行、屏氣語，如此者十餘年。位黄門侍郎，［4］從坐伏誅。

［1］弟：按，汲古閣本、百衲本同，殿本作“瞻弟”。

［2］微賤：按，汲古閣本、殿本、百衲本同，中華本改作“微踐”，其校勘記云:“‘微踐’各本作‘微賤’。李慈銘《宋書札記》：‘微踐過甚者，謂踐履甚微，恐以行步聲驚其母也。故下云“家人咸納履而行”，其情事如見。’據《宋書》及《通志》改。”應從改。

［3］至性：猶孝性。指純孝的天性。

［4］黄門侍郎：官名。門下省次官，與侍中俱掌門下衆事，位頗重要。宋五品。

澹字景恒，晦從叔也。祖安，晋太傅。父瑶，琅邪王友。澹任達仗氣，不營當世，與順陽范泰爲雲霞之交。[1]歷位尚書。

[1]范泰：字伯倫，順陽（今河南淅川縣）人。本書卷三三、《宋書》卷六〇有傳。

宋武帝將受禪，有司議使侍中劉叡進璽，帝曰："此選當須人望。"乃使瀶攝。瀶嘗侍帝宴，酣飲大言無所屈，鄭鮮之欲按之，[1]帝以爲瀶方外士，不宜規矩繩之；然意不説，不以任寄。後復侍飲，醉謂帝曰："陛下用群臣，但須委屈順者乃見貴，汲黯之徒無用也。"[2]帝大笑。

[1]鄭鮮之：字道子，滎陽開封（今河南開封市）人。士族出身。本書卷三三、《宋書》卷六四有傳。

[2]汲黯：字長孺，濮陽（今河南濮陽市）人。漢武帝時大臣。爲人性倨少禮，好直諫廷諍。《史記》卷一二〇有傳。

景平中，累遷光禄大夫。[1]從子晦爲荆州，將之鎮，詣瀶别。晦色自矜，瀶問晦年，答曰三十五。瀶笑曰："昔荀中郎年二十九爲北府都督，[2]卿比之已爲老矣。"晦色甚愧。元嘉中，位侍中、特進、金紫光禄大夫，[3]卒。

[1]光禄大夫：官名。用作加官及褒贈之官，無具體職掌。宋三品。

[2]昔荀中郎年二十九爲北府都督：按，中華本校勘記云：

"'二十九'《宋書》作'二十七'。洪頤煊《諸史考異》:'按《晉書·荀羨傳》作時年二十八，中興方伯未有如羨之年少者。'"荀中郎，指荀羨。字令則，潁川潁陰（今河南許昌市）人。《晉書》卷七五有附傳。

[3]特進：官名。魏晉南北朝成爲正式加官名號，用以安置閑退大臣，位在三公下。宋二品。　金紫光禄大夫：官名。指光禄大夫加賜金章紫綬者。

初，澹從弟混與劉毅昵，[1]澹常以爲憂，漸疏混，每謂弟璞、從子瞻曰："益壽此性，[2]終當破家。"混尋見誅，朝廷以澹先言，故不及禍。

[1]劉毅：字希樂，彭城沛（今江蘇沛縣）人。京口起兵推翻桓玄後，名位僅次於劉裕。後爲劉裕猜忌，劉裕率軍攻江陵，毅兵敗自縊身死。《晉書》卷八五有傳。

[2]益壽：謝混小字。

璞字景山，幼孝友，祖安深賞愛之，位光禄勳。[1]

[1]光禄勳：官名。掌宫殿門户及一部分宫廷供御事務。宋三品。

謝裕字景仁，朗弟允之子、而晦從父也。名與宋武帝諱同，故以字行。允字令度，位宣城内史。[1]景仁幼爲從祖安所知，始爲前軍行參軍，會稽王世子元顯嬖人張法順權傾一時，[2]内外無不造門，唯景仁不至，年三十而方爲著作佐郎。[3]桓玄誅元顯，[4]見景仁，謂四坐曰："司馬庶人父子云何不敗，遂令謝景仁三十而方佐著作郎。"玄建楚臺，以補黄門侍郎。及篡位，領驍騎將軍。[5]

[1]宣城：郡名。治宛陵縣，在今安徽宣城市宣州區。　内史：官名。職掌民政，相當於郡太守。

[2]元顯：司馬元顯。司馬道子子。晋安帝時，與父並握朝政，權傾内外。同被桓玄所殺。《晋書》卷六四有附傳。

[3]著作佐郎：官名。掌搜集史料，供著作郎撰史。職務清閑，成爲高門子弟的起家官。晋六品。

[4]桓玄：字敬道，譙國龍亢（今安徽懷遠縣）人，桓温子。《晋書》卷九九有傳。

[5]驍騎將軍：官名。兩晋、南朝與領軍、護軍、左右衛、游擊諸將軍合稱六軍，擔當宿衛之任，是護衛皇帝宫廷的主要將領之一。晋四品。

景仁博聞强識，善叙前言往行，玄每與言不倦。玄出行，殷仲文、卞範之之徒皆騎馬散從，[1]而使景仁陪輦。宋武帝爲桓脩撫軍中兵參軍，[2]嘗詣景仁諮事，景仁與語説，因留帝食。食未辦，而景仁爲玄所召。玄性促，俄頃間騎詔續至，帝屢求去，景仁不許，曰："主上見待，要應有方，我欲與客食，豈不得待？"竟安坐飽食然後應召。帝甚感之。及平建鄴，景仁與百僚同見，武帝目之曰："此名公孫也。"歷位武帝鎮軍司馬，復爲車騎司馬。

[1]殷仲文：陳郡長平（今河南西華縣）人，桓玄姐夫，殷仲

堪從弟。晉安帝義熙三年（407），以謀反罪被劉裕所殺。《晉書》卷九九有傳。　卞範之：字敬祖，濟陰宛句（今山東曹縣）人。桓玄心腹。《晉書》卷九九有傳。

[2]桓脩：字承祖，譙國龍亢（今安徽懷遠縣）人，桓沖子。後被劉裕所殺。《晉書》卷七四有附傳。

義熙五年,[1]帝將伐慕容超,[2]朝議皆謂不可，劉毅時鎮姑孰,[3]固止帝，以爲“苻堅侵境，謝太傅猶不自行。宰相遠出，傾動根本”。景仁獨曰:“公建桓、文之烈，應天人之心，雖業高振古，而德刑未樹，宜推亡固存，廣振威略。平定之後，養鋭息徒，然後觀兵洛汭，脩復園寢，豈有縱敵貽患者哉。”帝從之。及北伐，大司馬琅邪王天子母弟,[4]屬當儲副，帝深以根本爲憂，轉景仁大司馬左司馬，專總府任。又遷吏部尚書。[5]時從兄混爲尚書左僕射,[6]依制不得相監,[7]帝啓依僕射王彪之、尚書王劭前例不解職。[8]坐選吏部令史邢安泰爲都令史、平原太守，二官共除，安泰以令史職拜謁陵廟，爲御史中丞鄭鮮之所糾,[9]白衣領職。[10]十一年，爲左僕射。

[1]義熙：東晉安帝司馬德宗年號（405—418）。

[2]慕容超：字祖明，鮮卑族。十六國時南燕國主。在位六年（405—410）。《晉書》卷一二八有載記。

[3]姑孰：地名。又作姑熟、南州。在今安徽當塗縣。地當長江津要，東晉、南朝爲建康西南門户。

[4]大司馬琅邪王：指晉安帝同母弟司馬德文。後爲晉恭帝。《晉書》卷一〇有紀。

[5]吏部尚書：官名。掌官吏銓選、任免等事宜。東晋、南朝尚書中以吏部爲最貴。《資治通鑑》卷一一九《宋紀一》少帝景平元年胡三省注："自晋以來，謂吏部尚書爲大尚書，以其在諸曹之右，且其權任要重也。"晋三品。

[6]尚書左僕射：官名。尚書省次官，令不在，則代理其職。位在右僕射上。輔助尚書令執行政務，參議大政，諫諍得失，監察糾彈百官，可封還詔旨，常受命主管官吏選舉。晋三品。

[7]依制不得相監：職官選任制度規定，姻親，依舊制不得相監臨。

[8]王彪之：字叔虎，琅邪臨沂（今山東臨沂市）人，王導從子。《晋書》卷七六有附傳。　王劭：字敬倫，琅邪臨沂（今山東臨沂市）人，王導子。《晋書》卷六五有附傳。按，二人俱官於尚書省而不回避也。

[9]御史中丞：官名。職掌監察、執法。南朝亦稱南司，其職雖重，世族名士多不樂爲之。晋四品。

[10]白衣領職：官員因失誤削除官職，或以白衣守、領原職，是一種對官員的處罰方式。

景仁性矜嚴整潔，居宇净麗，每唾輒唾左右人衣，事畢，即聽一日澣濯。每欲唾，左右争來受之。武帝雅相知重，申以昏姻，廬陵王義真妃，[1]景仁女也。十二年卒，贈金紫光禄大夫。葬日，武帝親臨甚慟。

[1]廬陵王義真：劉義真。宋武帝第二子。本書卷一三、《宋書》卷六一有傳。

子恂字泰温，位鄱陽太守。[1]恂子孺子，[2]少與族兄莊齊名。多藝能，尤善聲律。車騎將軍王彧，[3]孺子姑之子也。嘗與孺子宴桐臺，孺子吹笙，彧自起舞，既而嘆曰："令日真使人飄飖有伊、洛間意。"[4]爲新安王主簿，[5]出爲廬江郡，[6]辭，宋孝武謂有司曰："謝孺子不可屈爲小郡。"乃以爲司徒主簿。後以家貧，求西陽太守，[7]卒官。

[1]鄱陽：郡名。治廣晋縣，在今江西鄱陽縣石門街鎮。

[2]恂子孺子：按，中華本校勘記云："'孺子'《宋書》作'稚'，此避唐高宗小名而稱其字。"

[3]車騎將軍：官名。爲重號將軍。南朝多作爲軍府名號以加授大臣或重要州郡長官。宋二品。 王彧：字景文，琅邪臨沂（今山東臨沂市）人。本書卷二三、《宋書》卷八五有傳。

[4]令：按，汲古閣本、殿本、百衲本作"今"。底本誤，應據諸本改。

[5]主簿：官名。負責文書簿籍，掌管印鑒等事。其品位隨府主地位高低而不等。

[6]廬江：郡名。治灊縣，在今安徽霍山縣東北。

[7]西陽：郡名。治西陽縣，在今湖北黄岡市東。

子璟，少與從叔朓俱知名。齊竟陵王子良開西邸，[1]招文學，璟亦預焉。位中書郎。[2]梁天監中，[3]爲左户尚書，[4]再遷侍中，固辭年老，求金紫，帝不悦，未叙，會卒。

[1]竟陵王子良：蕭子良。字雲英，齊武帝第二子。本書卷四四、《南齊書》卷四〇有傳。 西邸：官舍名。以其在都城西，

故稱。

[2]中書郎：官名。中書侍郎省稱。爲中書監、令之副，助監、令掌尚書奏事。宋五品。齊官品不詳。

[3]天監：南朝梁武帝蕭衍年號（502—519）。

[4]左户尚書：官名。即左民尚書，唐人避唐太宗李世民諱改。爲五曹尚書之一。掌户籍和工官之事。宋三品。梁十三班。

子微字玄度，[1]美風采，好學善屬文，位兼中書舍人。[2]與河東裴子野、沛國劉顯同官友善。[3]時魏中山王元略還北，梁武帝餞於武德殿，[4]賦詩三十韻，限三刻成。微二刻便就，文甚美，帝再覽焉。又爲臨汝侯猷製《放生文》，亦見賞於世。後除尚書左丞。[5]及昭明太子薨，[6]帝立晋安王綱爲皇太子，[7]將出詔，唯召尚書右僕射何敬容、宣惠將軍孔休源及微三人與議。[8]微時年位尚輕，而任遇已重。後卒於北中豫章王長史、南蘭陵太守。[9]文集二十卷。[10]

[1]微：按，《梁書》卷五〇《謝徵傳》作“徵”。

[2]兼：官制術語。暫時代理之義，帶有試用性質。　中書舍人：官名。中書省屬官。南朝諸帝引用寒門人士，入直禁中。出納詔命，處理機密而權力漸重，架空了中書省長官（參見周一良《魏晋南北朝史札記》，中華書局1985年版，第146頁）。宋八品。梁四班。

[3]裴子野：字幾原，河東聞喜（今山西聞喜縣）人。文章典雅，爲世所稱。本書卷三三有附傳，《梁書》卷三〇有傳。　劉顯：字嗣芳，沛國相（今安徽濉溪縣）人。好學，博涉多通。本書卷五〇有附傳，《梁書》卷四〇有傳。

[4]餞：按，殿本、百衲本同，汲古閣本作“踐”。

[5]尚書左丞：官名。尚書省佐官，居尚書右丞上。輔助令、僕射總理臺事，並職掌糾察彈劾。宋六品。梁九班。

[6]昭明太子：蕭統。梁武帝太子。謚號昭明。本書卷五三、《梁書》卷八有傳。

[7]晉安王綱：蕭綱。即梁簡文帝。梁武帝第三子。本書卷八、《梁書》卷四有紀。

[8]何敬容：字國禮，廬江灊（今安徽霍山縣）人。歷官吏部尚書、尚書令。侯景之亂時卒。本書卷三〇有附傳，《梁書》卷三七有傳。　孔休源：字慶緒，會稽山陰（今浙江紹興市）人。本書卷六〇、《梁書》卷三六有傳。

[9]北中：按，汲古閣本、百衲本同，殿本、中華本作“北中郎”。　南蘭陵：郡名。治蘭陵縣，在今江蘇常州市武進區西北。

[10]文集二十卷：按，據《梁書·謝徵傳》，友人琅邪王籍集其文爲二十卷。《隋書·經籍志》未見。

純字景懋，景仁弟也。劉毅鎮江陵，以爲衛軍長史、南平相。[1]及王鎮惡襲毅，[2]毅時病，佐史聞兵至，馳還入府，左右引車欲還外解，[3]純叱之曰：“我人吏也，逃欲安之。”及入，毅兵敗衆散，純爲人所殺。純弟覰字景覰，[4]位司徒右長史。[5]

[1]南平：郡名。治江安縣，在今湖北公安縣。

[2]王鎮惡：北海劇（今山東壽光市）人，前秦相王猛之孫。爲劉裕部將。本書卷一六、《宋書》卷四五有傳。

[3]車：按，殿本、百衲本同，汲古閣本作“軍”。

[4]覰：音 hán。

[5]司徒右長史：官名。左、右長史皆爲司徒府僚屬之長，位

次左高右低，共同佐司徒掌各曹等府事。晋六品。

　　虪弟述字景先，小字道兒。少有至行，隨純在江陵，純遇害，述奉純喪還都，至西塞遇暴風，[1]純喪舫流漂不知所在，述乘小船尋求，經純妻庾舫過。庾遣人謂曰："小郎去必無及，寧可存亡俱盡邪。"述號泣答曰："若安全至岸，尚須營理；如其已致意外，述亦無心獨存。"因冒浪而進，見純喪幾没，述號叫呼天，幸而獲免。咸以爲精誠所致，武帝聞而嘉之。及臨豫州，[2]諷中正以爲迎主簿，[3]甚被器遇。

[1]西塞：地名。在今湖北黄石市東南西塞山下。

[2]豫州：僑州名。初治所在今安徽蕪湖市東。晋安帝義熙十二年（416）後常治壽春縣，在今安徽壽縣。

[3]中正：官名。掌評定士族品第。按，豫州是陳郡所在的僑州。　迎主簿：官名。南朝宋、梁置。爲州屬官。掌迎接新任長官諸事，多由長官挑選有孝行或文學之士擔任。

　　景仁愛虪而憎述，嘗設饌請宋武帝，希命虪豫坐，而帝召述。述知非景仁夙意，又慮帝命之，請急不從。[1]帝馳遣呼述，須至乃殞，其見重如此。及景仁疾，述盡心視湯藥，飲食必嘗而後進。衣不解帶不盥櫛者累旬，景仁深感愧焉，友愛遂篤。及景仁卒，哀號過禮。景仁肥壯，買材數具皆不合用，述哀惶，親選𨓏獲焉。

[1]請急：請假。急，古代休假名。

爲太尉參軍，從征司馬休之，封吉陽縣五等侯。[1]元嘉二年，拜中書侍郎。後爲彭城王義康驃騎長史，[2]領南郡太守。[3]義康入相，述又爲司徒左長史，[4]轉左衛將軍。[5]莅官清約，私無宅舍，義康遇之甚厚。尚書僕射殷景仁、領軍將軍劉湛並與述爲異常之交。[6]

[1]吉陽縣五等侯：所謂五等，非指公侯伯子男之五等級。此制之行，衹在東晋末劉裕執政時及南朝宋初年。錢大昕説五等之封但假虚號，未有食邑，蓋出一時權益之制（參見周一良《魏晋南北朝史札記》，第157頁）。

[2]義康：劉義康。宋武帝第四子。本書卷一三、《宋書》卷六八有傳。

[3]南郡：郡名。治江陵縣，在今湖北荆州市荆州區。

[4]司徒左長史：官名。位在司徒右長史上。主要協助司徒主持選舉事務。宋六品。

[5]左衛將軍：官名。爲禁衛軍長官之一。掌宫禁宿衛，領宿衛營兵。宋四品。

[6]殷景仁：陳郡長平（今河南西華縣）人。士族出身。本書卷二七、《宋書》卷六三有傳。　劉湛：字弘仁，小字班虎，南陽涅陽（今河南鄧州市）人。當時劉義康專執朝權，湛以舊情爲義康心腹。宋文帝忌之，元嘉十七年（440）下獄死。本書卷三五、《宋書》卷六九有傳。

述美風姿，善舉止，湛每謂人曰："我見謝道兒未嘗足。"雍州刺史張邵以黷貨將致大辟，[1]述表陳邵先朝舊勳，宜蒙優貸，文帝手詔詶納焉。述語子綜曰："主上矜邵夙誠，自將曲恕，吾所啓謬會，故特見納。若此迹宣布，則爲侵奪主恩。”使綜對前焚之。帝後謂邵曰：“卿之獲免，謝述力焉。”

[1]張邵：字茂宗，吴郡吴（今江蘇蘇州市）人。本書卷三二、《宋書》卷四六有傳。

述有心虚疾，性理時或乖謬，卒於吴興太守。喪還未至都數十里，殷景仁、劉湛同乘迎赴，望船流涕。及劉湛誅，義康外鎮，將行歎曰：“謝述唯勸吾退，劉湛唯勸吾進，述亡而湛存，吾所以得罪也。”文帝亦曰：“謝述若存，義康必不至此。”

三子：綜、約、緯。綜有才藝，善隸書，爲太子中舍人。[1]與范曄謀反伏誅；[2]約亦死。緯尚宋文帝第五女長城公主，素爲綜、約所憎，免死，徙廣州，[3]孝建中還都。[4]方雅有父風，位正員郎。[5]子朓。

[1]太子中舍人：官名。東宫屬官。與中庶子共掌文翰，位在中庶子下，洗馬之上。宋六品。

[2]范曄：字蔚宗，順陽（今河南淅川縣）人。士族出身。因涉及孔熙先等欲迎立劉義康事，被殺。本書卷三三有附傳，《宋書》卷六九有傳。

[3]廣州：州名。治番禺縣，在今廣東廣州市。

[4]孝建：南朝宋孝武帝劉駿年號（454—456）。

[5]正員郎：官名。魏晋南北朝編制以内的散騎侍郎，係與員外散騎侍郎相對而言。散騎侍郎屬集書省，掌文學侍從，收納章奏，勸諫糾劾。宋五品。

朓字玄暉，[1]少好學，有美名，文章清麗。爲齊隨王子隆鎮西功曹，[2]轉文學。[3]子隆在荆州，好辭賦，朓尤被賞，不捨日夕。長史王秀之以朓年少相動，欲以啓聞。朓知之，因事求還，道中爲詩寄西府曰“常恐鷹隼擊，時菊委嚴霜，寄言罻羅者，寥廓已高翔”是也。仍除新安王中軍記室。[4]朓牋辭子隆曰：

[1]暉：按，殿本、百衲本同，汲古閣本作“輝”。

[2]隨王子隆：蕭子隆。字雲興，齊武帝第八子。本書卷四四、《南齊書》卷四〇有傳。　功曹：官名。王公軍府及地方郡縣屬官。

[3]文學：官名。南朝諸王及世子置。掌典章故事，備顧問侍從。

[4]記室：官名。記室參軍省稱。王公軍府屬官。掌書記文翰。

朓聞潢汙之水，思朝宗而每竭，駑蹇之乘，希沃若而中疲。[1]何則？皋壤搖落，對之惆悵，歧路東西，或以嗚邑。[2]况乃服義徒擁，歸志莫從，邈若墜雨，飄似秋蔕。[3]朓實庸流，行能無算，屬天地休明，山川受納，褒采一介，搜揚小善，故得捨耒場圃，奉筆兔園。[4]東泛三江，西浮七澤，契闊戎旃，從容讌語。長裾日曳，後乘載脂，榮立府廷，恩加顔色，沐髮晞陽，未測涯涘，撫臆論報，早誓肌骨。不悟滄溟未運，波臣自蕩，渤澥方春，旅翮先謝。[5]清切蕃房，寂寥舊蓽，[6]輕舟反泝，弔影獨留。白雲在天，龍門不見，[7]去德滋永，思德滋深。唯待青江可望，候歸艎於春渚，朱邸方開，效蓬心於秋實。[8]如其簪屨或存，[9]衽席無改，雖復身填溝壑，猶望妻子知歸。攬涕告辭，悲來横集。

[1]“潢汙之水”至“希沃若而中疲”：此句説鄙才小智，願事於隨王，身不由己，所以離開。潢汙，聚積不流的小水。沃若，良馬行貌。

[2]“皋壤摇落”至“或以嗚唈”：皋壤摇落，指秋天。歧路東西，謂分别。惆悵、嗚唈，皆悲傷也。嗚唈，義同“嗚咽”，低聲哭泣。

[3]邈若墜雨，飄似秋蔕（dì）：墜雨離於雲，秋蔕去於樹。蔕，同“蒂”。比喻已經離别隨王了。

[4]捨耒場圃，奉筆兔園：漢代梁孝王劉武築兔園，爲游賞與延賓之所。是説自己捨農從文。

[5]“不悟滄溟未運”至“旅翮先謝”：滄溟、渤澥，比喻隨王。波臣、旅翮，自喻。

[6]清切蕃房，寂寥舊蓽：蕃房，王府。舊蓽，昔日所居的陋屋。

[7]龍門：《楚辭·九章·哀郢》：“過夏首而西浮兮，顧龍門而不見。”王逸注：“龍門，楚東門也。言己從西浮而東行，過夏水之口，望楚東門，蔽而不見，自傷日以遠也。”

[8]“唯待青江可望”至“效蓬心於秋實”：此句謂隨王若回京都，自己在江邊恭迎、在府前效力。

[9]屨：按，殿本、百衲本同，汲古閣本作“履”。

時荆州信去倚待，[1]朓執筆便成，文無點易。

[1]信：信使。

以本官兼尚書殿中郎。[1]隆昌初,[2]敕朓接北使，朓自以口訥，啓讓，見許。明帝輔政，以爲驃騎諮議，領記室，掌霸府文筆。[3]又掌中書詔誥，轉中書郎。

［1］尚書殿中郎：官名。東晋、南朝直屬尚書左僕射，爲皇帝的文學侍從官，常代擬詔書。宋六品。齊官品不詳。

［2］隆昌：南朝齊鬱林王蕭昭業年號（494）。

［3］霸府：南北朝時稱專朝政的藩王或大臣的幕府爲“霸府”。此指齊明帝蕭鸞即位前的驃騎大將軍府。

出爲晋安王鎮北諮議、南東海太守，行南徐州事。[1]啓王敬則反謀,[2]上甚賞之，遷尚書吏部郎。[3]朓上表三讓。中書疑朓官未及讓，以問國子祭酒沈約。[4]約曰:“宋元嘉中，范曄讓吏部，朱脩之讓黄門，蔡興宗讓中書，並三表詔答。近代小官不讓，遂成恒俗，恐有乖讓意。王藍田、劉安西並貴重,[5]初自不讓，今豈可慕此不讓邪？孫興公、孔顗並讓記室,[6]今豈可三署皆讓邪？謝吏部今授超階，讓别有意，豈關官之大小。撝謙之美，本出人情，若大官必讓，便與詣闕章表不異。例既如此，謂都非疑。”朓讓，優答不許。

［1］行南徐州事：當時多以年幼皇子爲將軍、刺史出鎮諸州，以其長史爲行事，實際負責軍府和州府的軍政事務，權力很大。南徐州，州名。治京口城，在今江蘇鎮江市。

［2］王敬則：臨淮射陽（今江蘇寶應縣）人，僑居晋陵南沙（今江蘇常熟市）。以屠狗爲業，母爲女巫。仕齊官至開府儀同三司。明帝嗣位，疑忌舊臣，敬則起兵敗死。本書卷四五、《南齊書》

卷二六有傳。

[3]尚書吏部郎：官名。尚書省吏部曹長官。主管官吏選任、銓叙、調動事務，對五品以下官吏任免有建議權。歷朝皆重其選，職位高於尚書省諸曹郎。宋五品。齊官品不詳。

[4]國子祭酒：官名。晋武帝始立國子學，置國子祭酒等，以教生徒。南朝齊國學祭酒，位比諸曹尚書。　沈約：字休文，吴興武康（今浙江德清縣）人。梁武帝時歷任貴官。詩文注重音律，著有《四聲譜》。本書卷五七、《梁書》卷一三有傳。

[5]王藍田：王述。字懷祖。太原士族。襲爵藍田侯，故稱。《晋書》卷七五有附傳。

[6]孫興公：孫綽。字興公。《晋書》卷五六有附傳。　孔顗：按，汲古閣本、殿本、百衲本同，中華本據《南史》卷二七《孔覬傳》、《宋書》卷八四《孔覬傳》改作“孔覬”。應從改。孔覬，字思遠，會稽山陰（今浙江紹興市）人。本書卷二七、《宋書》卷八四有傳。

朓善草隸，長五言詩，沈約常云“二百年來無此詩也”。敬皇后遷祔山陵，朓撰哀策文，齊世莫有及者。

東昏失德，[1]江祏欲立江夏王寶玄，[2]末更回惑，與弟祀密謂朓曰：[3]“江夏年少，脱不堪，不可復行廢立。始安年長入纂，[4]不乖物望。非以此要富貴，只求安國家爾。”遥光又遣親人劉渢致意於朓。朓自以受恩明帝，不肯答。少日，遥光以朓兼知衛尉事，朓懼見引，即以祏等謀告左興盛，[5]又説劉暄曰：[6]“始安一旦南面，則劉渢、劉晏居卿今地，[7]但以卿爲反覆人爾。”暄陽驚，馳告始安王及江祏。始安欲出朓爲東陽郡，祏固執不與。先是，朓常輕祏爲人，祏常詣朓，朓因言有一詩，呼左右取，既而便停。祏問其故，云“定復不急”。[8]祏以爲輕己。後祏及弟祀、劉渢、劉晏俱候朓，朓謂祏曰“可謂帶二江之雙流”，[9]以嘲弄之。祏轉不堪，至是構而害之。詔暴其過惡，收付廷尉。又使御史中丞范岫奏收朓，下獄死，時年三十六。臨終謂門賓曰：“寄語沈公，君方爲三代史，亦不得見没。”[10]

[1]東昏：齊東昏侯蕭寶卷。字智藏，齊明帝第二子。在位荒淫殘暴，朝政廢弛。本書卷五、《南齊書》卷七有紀。

[2]江祏：字弘業，濟陽考城（今河南民權縣）人。姑爲蕭鸞之母，齊明帝心腹。本書卷四七、《南齊書》卷四二有傳。

[3]祀：江祀。字景昌，江祏弟。本書卷四七、《南齊書》卷四二有附傳。

[4]始安：始安王蕭遥光。齊明帝之侄。本書卷四一有傳，《南齊書》卷四五有附傳。

[5]左興盛：齊東昏侯近臣。時任太子右衛率。

[6]劉暄：字士穆，彭城（今江蘇徐州市）人，齊東昏侯舅。本書卷四七、《南齊書》卷四二有附傳。

[7]晏：按，汲古閣本、百衲本同，殿本作“宴”。

[8]定：終究，到底。

[9]帶二江之雙流：二江指江祏、江祀，“流”與“劉”諧音，雙流指劉渢、劉晏。按，二劉皆蕭遥光親信。

[10]“寄語沈公”至“亦不得見没”：按，《南齊書》卷四七《謝朓傳》無此文。馬宗霍《南史校證》云：“沈公即沈約也，約早與朓善，又甚稱其五言詩，以爲二百年來無此作，故朓以身後之名托之。本傳稱朓文章清麗，齊明帝輔政，朓領記室，掌霸府文筆，又掌中書詔誥。《隋書·經籍志》集部别集類正目載齊吏部郎《謝朓集》十二卷，又《謝朓逸集》一卷。”（第348頁）

初，朓告王敬則反，敬則女爲朓妻，常懷刀欲報朓，朓不敢相見。及當拜吏部，謙挹尤甚，尚書郎范縝嘲之曰："卿人才無慙小選，但恨不可刑于寡妻。"[1]朓有愧色。及臨誅，歎曰："天道其不可昧乎！我雖不殺王公，王公因我而死。"

[1]"尚書郎范縝嘲之曰"至"但恨不可刑于寡妻"：馬宗霍《南史校證》云："按，'范縝'《南齊書》本傳作'沈昭略'，嘲語作'卿人地之美，無忝此職，但恨今日刑于寡妻'，皆與《南史》異。錢大昕《南史考異》曰：'按：文義當以朓妻懷刀欲殺之，故援"刑于"語以相謔，《南史》改云"但恨不可刑于寡妻"，詞拙而意淺矣。'"（第349頁）范縝，字子真，南鄉舞陰（今河南泌陽縣）人。本書卷五七有附傳，《梁書》卷四八有傳。小選，吏部郎的别名。刑于寡妻，語見《詩·大雅·思齊》。

朓好獎人才，會稽孔顗粗有才筆，[1]未爲時知，孔珪嘗令草讓表以示朓。[2]朓嗟吟良久，手自折簡寫之，謂珪曰："士子聲名未立，應共獎成，無惜齒牙餘論。"[3]其好善如此。

[1]孔顗：按，汲古閣本、殿本、百衲本同，中華本改作"孔覬"。應從改。

[2]孔珪：即孔稚珪，本書避唐高宗李治諱而省。字德璋，會稽山陰（今浙江紹興市）人。本書卷四九、《南齊書》卷四八有傳。

[3]齒牙餘論：隨口稱譽的話。

朓及殷叡素與梁武以文章相得，帝以大女永興公主適叡子鈞，第二女永世公主適朓子謨。及帝爲雍州，二女並暫隨母向州。及武帝即位，二主始隨内還。武帝意薄謨，又以門單，欲更適張弘策子，[1]策卒，又以與王志子諲。[2]而謨不堪歎恨，爲書狀如詩贈主。主以呈帝，甚蒙矜歎，而婦終不得還。尋用謨爲信安縣，[3]稍遷王府諮議。時以爲沈約早與朓善，爲制此書云。

[1]張弘策：字真簡，范陽方城（今河北固安縣）人。本書卷五六、《梁書》卷一一有傳。

[2]王志：字次道，琅邪臨沂（今山東臨沂市）人，王僧虔子。本書卷二二有附傳，《梁書》卷二一有傳。

[3]信安：縣名。治所在今浙江衢州市。

謝方明，裕從祖弟也。祖鐵字鐵石，位永嘉太守。[1]父沖字秀度，中書郎，家在會稽，[2]病歸，爲孫恩所殺，[3]贈散騎常侍。方明隨伯父吴興太守邈在郡。孫恩寇會稽，東土諸郡響應，吴興人胡桀、郜驃破東遷縣，[4]方明勸邈避之，不從，賊至被害，方明逃免。

[1]永嘉：郡名。治永寧縣，在今浙江温州市。

[2]會稽：郡名。治山陰縣，在今浙江紹興市。

[3]孫恩：字靈秀，琅邪（今山東臨沂市）人。世奉五斗米道。爲起義軍領袖。《晋書》卷一〇〇有傳。

[4]東遷：縣名。治所在今浙江湖州市東。

初，邈舅子長樂馮嗣之及北方學士馮翊仇玄達俱投邈，禮待甚簡，二人並恨，遂與恩通謀。劉牢之、謝琰等討恩，[1]恩走臨海，[2]嗣之等不得同去，方更聚合。方明體素羸弱，而勇决過人，結邈門生討嗣之等，悉禽手刃之。時亂後吉凶禮廢，方明合門遇禍，資産無遺，而營舉凶功盡力，數月葬送並畢，平世備禮無以加也。頃之，孫恩重陷會稽，謝琰見害，因購方明甚急。方明於上虞載母妹奔東陽，[3]由黄蘗嶠出鄱陽，附載還都，寄居國子學。流離險戹，屯苦備經，而貞履之操，在約無改。

[1]劉牢之：字道堅，彭城（今江蘇徐州市）人。北府兵將領。《晋書》卷八四有傳。　謝琰：字瑗度，陳郡陽夏（今河南太康縣）人，謝安子。晋安帝隆安三年（399）孫恩起事，再攻會稽，琰爲會稽内史、都督五郡軍事，被孫恩擊殺。《晋書》卷七九有附傳。

[2]臨海：郡名。治章安縣，在今浙江台州市椒江區章安街道。

[3]上虞：縣名。治所在今浙江紹興市上虞區百官街道。

桓玄剋建鄴，丹楊尹卞範之勢傾朝野，[1]欲以女嫁方明，方明終不回。桓玄聞而賞之，即除著作佐郎。後從兄景仁舉爲宋武中軍主簿，方明知無不爲，帝謂曰："愧未有瓜衍之賞，[2]且當與卿共豫章國禄。"[3]屢加賞賜。

[1]丹楊尹：官名。京畿行政長官，屬於既機要又顯貴之職。

［2］瓜衍之賞：語出《左傳》宣公十五年："晉侯賞桓子狄臣千室，亦賞士伯以瓜衍之縣。"後以"瓜衍之賞"泛指賞賜。

［3］豫章國禄：晋安帝義熙二年（406），劉裕爲豫章郡公，邑萬户。

方明嚴恪，善自居遇，雖暗室未嘗有惰容。從兄混有重名，唯歲節朝拜而已。丹楊尹劉穆之權重當時，朝野輻湊，其不至者唯混、方明、郗僧施、蔡廓四人而已。[1]穆之甚恨。及混等誅後，方明、廓來往造穆之，穆之大悦，白武帝曰："謝方明可謂名家駒，及蔡廓直置並台鼎人，無論復有才用。"頃之，轉從事中郎，仍爲右將軍道憐長史，[2]武帝令府中衆事皆諮决之。府轉爲中軍長史，尋加晋陵太守，[3]復爲驃騎長史、南郡相，委任如初。嘗年終，江陵縣獄囚事無輕重，悉放歸家，使過正三日還到，罪重者二十餘人，綱紀以下莫不疑懼。[4]時晋陵郡送故主簿弘季咸、徐壽之並隨在西，[5]固諫，以爲昔人雖有其事，或是記籍過言，且當今人情僞薄，不可以古義相許。[6]方明不納，一時遣之。囚及父兄並驚喜涕泣，以爲就死無恨。至期有重罪一人醉不能歸，違二日乃反。餘一囚十日不來，五官朱千期請見，[7]欲自討之。方明知爲囚事，使左右謝五官不須入，囚自當反。囚逡巡墟里，不能自歸，鄉村責讓率領將送，竟無逃者。遠近歎服焉。

［1］郗僧施：字惠脱，高平金鄉（今山東嘉祥縣）人。事見《晋書》卷六七《郗超傳》。　蔡廓：字子度，濟陽考城（今河南

民權縣）人。本書卷二九、《宋書》卷五七有傳。

[2]右將軍：按，汲古閣本、殿本、百衲本同，中華本據《宋書》卷五三《謝方明傳》改作“左將軍”。《宋書》卷五一《長沙景王道憐傳》亦作“左將軍”。

[3]晋陵：郡名。治晋陵縣，在今江蘇常州市。

[4]綱紀：郡縣綜理府事之吏。指主簿、功曹、五官掾等。地位較高。

[5]郡送故主簿：東晋、南朝郡主簿的名目之一。太守在甲郡所辟的主簿，隨太守轉任乙郡，謂之送故。　弘季咸：按，《宋書·謝方明傳》作“弘季盛”。

[6]古：按，殿本、百衲本同，汲古閣本作“故”。

[7]五官：官名。又稱五官掾。郡太守屬吏，主諸曹事。爲重要屬吏之一。

宋武帝受命，位侍中，丹楊尹，有能名。轉會稽太守。江東人户殷盛，風俗峻刻，强弱相陵，姦吏蜂起，符書一下，文攝相續。方明深達政體，不拘文法，闊略苛細，務在統領。貴族豪士，莫敢犯禁。除比伍之坐，判久繫之獄。前後征伐，每兵運不充，悉倩士庶，事寧皆使還本。而守宰不明，與奪乖謬，人事不至，必被抑塞。方明簡汰精當，各順所宜，東土稱詠之。性尤愛惜，[1]未嘗有所是非。承代前人，不易其政；必宜改者，則漸變使無迹可尋。卒官。

[1]性尤愛惜：按，汲古閣本、殿本、百衲本同，中華本據《通志》卷一三二補作“性尤愛惜人物”。

子惠連，年十歲能屬文，族兄靈運加賞之，[1]云“每有篇章，對惠連輒得佳語”。嘗於永嘉西堂思詩，竟日不就，忽夢見惠連，即得“池塘生春草”，大以爲工。常云“此語有神功，非吾語也”。本州辟主簿，不就。

[1]加賞：按，汲古閣本、殿本、百衲本同，中華本改作“嘉賞”，其校勘記云：“‘嘉’各本作‘加’。王懋竑《讀書記疑》、張森楷《南史校勘記》云‘當作嘉’，從改。”

惠連先愛幸會稽郡吏杜德靈，及居父憂，贈以五言詩十餘首，“乘流遵歸路”諸篇是也。坐廢不豫榮位。尚書僕射殷景仁愛其才，言次白文帝，言“臣小兒時便見此文，而論者云是惠連，其實非也”。文帝曰：“若此便應通之。”元嘉七年，方爲司徒彭城王義康法曹行參軍。[1]義康脩東府城，[2]城壍中得古冢，爲之改葬，使惠連爲祭文，留信待成，其文甚美。又爲《雪賦》，[3]以高麗見奇。靈運見其新文，每曰“張華重生，[4]不能易也”。文章並行於世，[5]年三十七卒。[6]既早亡，輕薄多尤累，故官不顯。無子。惠連弟惠宣，位臨川太守。[7]

[1]法曹行參軍：官名。東晉、南朝公府、將軍府僚屬諸曹之一。法曹參軍，宋七品。行參軍品階例低於參軍。按，《宋書》卷五三《謝惠連傳》無“行”字。

[2]東府城：城名。在今江蘇南京市通濟門附近，南臨秦淮河。爲南朝宰相兼揚州刺史的府第。

[3]《雪賦》：載《文選》卷一三謝惠連《雪賦》。

［4］張華：字茂先，范陽方城（今河北固安縣）人。博學善文章。《晋書》卷三六有傳。

［5］文章並行於世：《隋書·經籍志四》集部别集類著録宋司徒府參軍《謝惠連集》六卷。

［6］年三十七卒：中華本校勘記云："《文選·雪賦》注引《宋書》作'年二十七卒'。按今本《宋書》作'元嘉十年卒，時年三十七'。孫虨《宋書考論》：'以《謝靈運傳》考之，惠連元嘉十年卒，蓋二十七也。'"

［7］臨川：郡名。治臨汝縣，在今江西撫州市臨川區西。

謝靈運，安西將軍弈之曾孫而方明從子也。[1]祖玄，[2]晋車騎將軍。父瑍，生而不慧，位秘書郎，早亡。靈運幼便穎悟，玄甚異之。謂親知曰："我乃生瑍，瑍兒何爲不及我。"[3]

［1］弈：按，百衲本同，汲古閣本、殿本作"奕"。應作"奕"。見前注。

［2］玄：謝玄。謝安侄。《晋書》卷七九有傳。

［3］我乃生瑍，瑍兒何爲不及我：中華本校勘記云："《宋書》作'我乃生瑍，瑍那得生靈運'。《晋書·謝安傳》附《玄傳》引語同，惟'那得'下有'不'字。錢大昕《廿二史考異》、孫虨《宋書考論》並以有'不'字爲是，《宋書》無'不'字，乃傳寫脱誤；而《南史》改易，失去原語之雋永。"

靈運少好學，博覽群書，文章之美，與顔延之爲江左第一。[1]縱橫俊發過於延之，深密則不如也。從叔混特加愛之。[2]襲封康樂公，以國公例除員外散騎侍郎，[3]

不就。爲琅邪王大司馬行參軍。性豪侈，車服鮮麗，衣物多改舊形制，世共宗之，咸稱謝康樂也。累遷秘書丞，[4]坐事免。

[1]顏延之：字延年，琅邪臨沂（今山東臨沂市）人。與謝靈運齊名，時稱"顏、謝"。本書卷三四、《宋書》卷七三有傳。

[2]加：按，汲古閣本、殿本、百衲本同，中華本據《宋書》卷六七《謝靈運傳》改作"知"。

[3]員外散騎侍郎：官名。晋武帝始置，兩晋南北朝屬散騎省，多以公族、功臣子充任，爲閑散之職。晋六品。

[4]秘書丞：官名。爲秘書監之副。負責典籍圖書的管理和整理校定。南朝以來尤爲清選。晋六品。

宋武帝在長安，[1]靈運爲世子中軍諮議、黄門侍郎，奉使慰勞武帝於彭城，作《撰征賦》。後爲相國從事中郎，世子左衛率，坐輒殺門生免官。[2]宋受命，降公爵爲侯，又爲太子左衛率。[3]

[1]宋武帝在長安：指晋安帝義熙十二年（416）劉裕北伐，次年八月攻下關中，滅後秦。謝靈運奉使慰問時，劉裕已返回彭城。

[2]門生：投靠世族之門客，其地位高於一般僕隸，亦可以入仕。

[3]太子左衛率：官名。掌東宫護衛。宋五品。

靈運多愆禮度，朝廷唯以文義處之，不以應實相許。自謂才能宜參權要，既不見知，常懷憤惋。廬陵王義真少好文籍，與靈運情款異常。少帝即位，權在大臣，靈運構扇異同，非毀執政，司徒徐羨之等患之，出爲永嘉太守。郡有名山水，靈運素所愛好。出守既不得志，遂肆意遊遨，偏歷諸縣，動踰旬朔。理人聽訟，不復關懷，所至輒爲詩詠以致其意。

在郡一周，稱疾去職，從弟晦、曜、弘微等並與書止之，不從。靈運父祖並葬始寧縣，[1]并有故宅及墅，[2]遂移籍會稽，脩營舊業。傍山帶江，盡幽居之美。與隱士王弘之、孔淳之等放蕩爲娱，[3]有終焉之志。每有一首詩至都下，貴賤莫不競寫，宿昔間士庶皆徧，名動都下。作《山居賦》，并自注以言其事。[4]

[1]始寧：縣名。治所在今浙江紹興市上虞區南曹娥江東岸。

[2]墅：南朝時大地主田莊稱墅，亦稱別墅或別業。

[3]王弘之：字方平，琅邪臨沂（今山東臨沂市）人。本書卷二四有附傳，《宋書》卷九三有傳。　孔淳之：字彦深，魯（今山東曲阜市）人。本書卷七五、《宋書》卷九三有傳。

[4]作《山居賦》，并自注以言其事：按，賦與自注具載《宋書》卷六七《謝靈運傳》，錢大昕《廿二史考異》卷二四云："按宋世文士以謝、顏爲首，故各立專《傳》，而《靈運傳》載其兩賦，《山居》一篇，并自注亦詳載之。休文之傾倒於謝至矣。此例前史未有，繼之者張淵之《天象》，顏之推之《觀我生》，十七史中唯此三賦有注耳。"

文帝誅徐羨之等，徵爲秘書監，[1]再召不起。使光禄大夫范泰與書敦獎，乃出。使整秘閣書遺闕，又令撰《晉書》，粗立條流，書竟不就。尋遷侍中，賞遇甚厚。

靈運詩書皆兼獨絶，每文竟，手自寫之，文帝稱爲二寶。既自以名輩，應參時政，至是唯以文義見接，每侍上宴，談賞而已。王曇首、王華、殷景仁等名位素不踰之，並見任遇，意既不平，多稱疾不朝直。穿池植援，種竹樹果，驅課公役，無復期度。出郭游行，或一百六七十里，[2]經旬不歸。既無表聞，又不請急。上不欲傷大臣，諷旨令自解。靈運表陳疾，賜假東歸。將行，上書勸伐河北。而游娱宴集，以夜續晝。復爲御史中丞傅隆奏免官，[3]是歲，元嘉五年也。

[1]秘書監：官名。秘書省長官，掌圖書經籍等，領著作省。宋三品。

[2]出郭游行，或一百六七十里：馬宗霍《南史校證》云："按'或一'二字下《宋書》本傳有'日'字，是也，疑《南史》傳寫誤脱。《通鑑》卷一二一作'或出郭游行且二百里'。"(第353頁)

[3]傅隆：字伯祚，北地靈州（今寧夏吴忠市北武市）人，傅亮族兄。本書卷一五有附傳，《宋書》卷五五有傳。

靈運既東，與族弟惠連、東海何長瑜、潁川荀雍、太山羊璿之以文章賞會，[1]共爲山澤之游，時人謂之四友。惠連幼有奇才，不爲父方明所知。靈運去永嘉還始寧，時方明爲會稽，靈運造方明，遇惠連，大相知賞。靈運性無所推，唯重惠連，與爲刎頸交。時何長瑜教惠連讀書，亦在郡内，靈運又以爲絶倫。謂方明曰："阿連才悟如此，而尊作常兒遇之；長瑜當今仲宣，[2]而飴以下客之食。尊既不能禮賢，宜以長瑜還靈運。"載之而去。荀雍字道雍，官至員外散騎郎。璿之字曜璠，爲臨川内史，被司空竟陵王誕所遇，[3]誕敗坐誅。長瑜才亞惠連，雍、璿不及也。臨川王義慶招集文士，[4]長瑜自國侍郎至平西記室參軍。嘗於江陵寄書與宗人何勗，以韻語序義慶州府僚佐云:“陸展染白髮，欲以媚側室，青青不解久，星星行復出。”如此者五六句。而輕薄少年遂演之，凡人士並爲題目，皆加劇言苦句，[5]其文流行。義慶大怒，白文帝，除廣州所統曾城令。[6]及義慶薨，朝士並詣第敘哀，何勗謂袁淑曰:“長瑜便可還也。”淑曰:“國新喪，[7]未宜以流人爲念。”廬陵王紹鎮尋陽，[8]以長瑜爲南中郎行參軍，掌書記之任。行至板橋，[9]遇暴風溺死。

[1]“與族弟惠連”至“泰山羊璿之以文章賞會”:《隋書·經籍志四》集部别集類著録宋員外郎《荀雍集》二卷，小注載梁有宋平南參軍《何長瑜集》八卷，亡。

[2]仲宣：王粲。字仲宣。

[3]竟陵王誕：劉誕。字休文，宋文帝第六子。本書卷一四、《宋書》卷七九有傳。

[4]臨川王義慶：劉義慶。宋武帝侄。本書卷一三、《宋書》卷五一有附傳。

[5]劇言苦句：調笑挖苦的語句。

[6]曾城：縣名。治所在今廣東廣州市增城區東北。

[7]國新喪：按，汲古閣本、殿本、百衲本同，中華本據《宋書》卷六七《謝靈運傳》補作“國新喪宗英”。

[8]廬陵王紹：劉紹。字休胤，宋文帝第五子，出繼劉義真。《宋書》卷六一有附傳。

[9]板橋：地名。在今江蘇南京市西南。

靈運因祖父之資，生業甚厚，奴僮既衆，義故門生數百，鑿山浚湖，功役無已。尋山陟嶺，必造幽峻，巖嶂數十重，莫不備盡。登躡常着木屐，[1]上山則去其前齒，下山去其後齒。嘗自始寧南山伐木開徑，直至臨海，從者數百。臨海太守王琇驚駭，謂爲山賊，末知靈運乃安。又要琇更進，琇不肯。靈運贈琇詩曰:"邦君難地嶮，旅客易山行。"在會稽亦多從衆，驚動縣邑。太守孟顗事佛精懇，而爲靈運所輕，嘗謂顗曰:"得道應須慧業，[2]丈人生天當在靈運前，成佛必在靈運後。"顗深恨此言。又與王弘之諸人出千秋亭飲酒，倮身大呼，[3]顗深不堪，遣信相聞。靈運大怒曰:"身自大呼，何關癡人事。"

[1]屐：以木製成，鞋底前後各有一活動齒釘，上面繫帶與脚相連。1984年發掘的安徽馬鞍山市東吴朱然墓中出土有木屐實物。

[2]慧業：佛教語。有口業、身業、意業，並稱三業。將智慧用於三業稱慧業。

[3]身：第一人稱，相當於“我”。《資治通鑑》卷八五《晋紀七》惠帝太安二年胡三省注:“晋人多自謂爲身。”

會稽東郭有回踵湖，靈運求決以爲田，[1]文帝令州郡履行。此湖去郭近，水物所出，百姓惜之，顗堅執不與。靈運既不得回踵，又求始寧休崲湖爲田，[2]顗又固執。靈運謂顗非存利人，政慮決湖多害生命，言論傷之。與顗遂隙。因靈運横恣，表其異志，發兵自防，露板上言。[3]靈運馳詣闕上表，自陳本末。文帝知其見誣，不罪也。不欲復使東歸，以爲臨川内史。

［1］泆：按，汲古閣本、百衲本同，殿本作“泱”。本卷下同，不再出注。

［2］休崲湖：按，《宋書》卷六七《謝靈運傳》作“岯崲湖”。休崲湖即岯崲湖。在今浙江紹興市上虞區西南。

［3］露板：上書不封口稱露板。

在郡游放，不異永嘉，爲有司所糾。司徒遣使隨州從事鄭望生收靈運。[1]靈運興兵叛逸，遂有逆志。爲詩曰：“韓亡子房奮，[2]秦帝魯連耻，[3]本自江海人，忠義感君子。”追討禽之，送廷尉，廷尉論正斬刑。[4]上愛其才，欲免官而已。彭城王義康堅執，謂不宜恕。詔以“謝玄勳參微管，[5]宜宥及後嗣，降死徙廣州”。

［1］司徒：官名。三公之一，爲名譽宰相。魏晋以降，多爲大臣之榮銜或加銜。其府屬官仍辦理日常行政事務，掌全國户籍，督課州郡官吏。宋一品。　州從事：官名。州部屬吏。如别駕從事、治中從事、都官從事、功曹從事、簿曹從事、郡國從事、文學從事、祭酒從事等，各掌一方面的事務。

［2］子房：張良。字子房。《史記》卷五五有世家。

［3］魯連：魯仲連。戰國齊人。《史記》卷八三有附傳。

［4］正：判處，論决。《晋書》卷七五《范堅傳》：“成帝從之，正廣死刑。”

［5］微管：春秋時，管仲相齊桓公，霸諸侯，一匡天下，孔子

曰:“微管仲，吾其被髮左衽矣。”“微管”成爲六朝人恒語，指代建勳重臣。謝玄是東晋北府兵名將，參與淝水之戰擊敗苻堅。

後秦郡府將宋齊受使至涂口，[1]行達桃墟村，見有七人下路聚語，疑非常人，還告郡縣，遣兵隨齊掩討禽之。其一人姓趙名欽，云:“同村薛道雙先與靈運共事，道雙因同村成國報欽云:‘靈運犯事徙廣州，給錢令買弓箭刀楯等物，使道雙要合鄉里健兒於三江口篡之。[2]若得者如意後，[3]功勞是同。遂合部黨要謝不得，及還饑饉，緣路爲劫。’”有司奏收之，文帝詔於廣州棄市。臨死作詩曰:“龔勝無餘生，[4]李業有終盡，[5]嵇公理既迫，霍生命亦殞。”所稱龔勝、李業，猶前詩子房、魯連之意也。時元嘉十年，年四十九。所著文章傳於世。[6]

[1]秦郡：僑郡名。治秦縣，在今江蘇南京市六合區。

[2]三江口：地名。在今廣東廣州市東南。爲東江、西江和北江匯合處。

[3]得者：按，汲古閣本、殿本、百衲本同，中華據《宋書》卷六七《謝靈運傳》改作“得志”。

[4]龔勝：字君賓，彭城（今江蘇徐州市）人。王莽代漢，拒不受官，不食死。《漢書》卷七二有傳。

[5]李業：字巨游，廣漢梓潼（今四川梓潼縣）人。王莽專政，辭官歸隱。公孫述據蜀，拒絶出任官職，被殺。《後漢書》卷八一有傳。

[6]所著文章傳於世：《隋書·經籍志二》史部正史類著録宋臨川内史謝靈運撰《晋書》三十六卷；史部地理類著録謝靈運撰

《遊名山志》一卷、《居名山志》一卷。《隋書·經籍志四》集部别集類著録宋臨川内史《謝靈運集》十九卷，總集類著録謝靈運撰《賦集》九十二卷、《詩集》五十卷、《詩集鈔》十卷、《詩英》九卷、《七集》十卷。小注又載梁有謝靈運《迴文集》十卷、《連珠集》五卷。

孟顗字彦重，平昌安丘人，衛將軍昶弟也。昶、顗並美風姿，時人謂之雙珠。昶貴盛，顗不就辟。昶死後，顗歷侍中、僕射、太子詹事、散騎常侍、左光禄大夫。[1]嘗就徐羡之因叙關、洛中事，顗歎劉穆之終後便無繼者，王弘亦在，甚不平，曰："昔魏朝酷重張郃，[2]謂不可一日無之。及郃死，何關興廢？"顗不悦，衆賓笑而釋之。後卒於會稽太守。[3]

[1]太子詹事：官名。總領東宫官屬、庶務，爲太子官屬之長。兩晋南北朝東宫位重，置官擬於朝廷，時號宫朝。常設重兵，故權任甚重，或參預朝政。宋三品。

[2]張郃：字儁乂，河間鄚（今河北任丘市）人。三國魏名將。《三國志》卷一七有傳。

[3]後卒於會稽太守：馬宗霍《南史校證》云："按此帶傳也，顗之事迹附見《宋書·何尚之傳》，然不如《南史》詳。王鳴盛《商榷》謂：'《宋書·謝靈運傳》，《南史》芟削僅存十之二，太略，末段附孟顗，亦覺不倫。'"（第356頁）

靈運子鳳，坐靈運徙嶺南，早卒。

鳳子超宗。隨父鳳嶺南，元嘉末得還。與慧休道人來往。好學有文辭，盛得名譽。選補新安王子鸞國常侍。[1]王母殷淑儀卒，超宗作誄奏之，帝大嗟賞，謂謝莊曰：[2]“超宗殊有鳳毛，[3]靈運復出。”時右衛將軍劉道隆在御坐，[4]出候超宗曰：“聞君有異物，可見乎？”超宗曰：“懸罄之室，復有異物邪。”道隆武人無識，正觸其父名，曰：“旦侍宴，至尊説君有鳳毛。”超宗徒跣還內。道隆謂檢覓毛，[5]至閤待不得，乃去。

[1]新安王子鸞：劉子鸞。字孝羽，宋孝武帝第八子。本書卷一四、《宋書》卷八〇有傳。　國常侍：官名。王國屬官。侍從王的左右，備顧問應對。宋八品。

[2]謝莊：字希逸，陳郡陽夏（今河南太康縣）人，謝弘微子。本書卷二〇有附傳，《宋書》卷八五有傳。

[3]鳳毛：南朝人通稱人子才似其父者爲鳳毛。

[4]右衛將軍：官名。隸領軍將軍（中領軍），掌宫廷宿衛營兵，位在左衛將軍下。宋四品。　劉道隆：彭城（今江蘇徐州市）人，劉懷慎侄。本書卷一七、《宋書》卷四五有附傳。

[5]檢覓毛：按，殿本、百衲本同，汲古閣本作“檢覓見毛”。中華本據《册府元龜》卷九四五補作“檢覓鳳毛”，其校勘記云：按元大德本、南北監本、殿本無‘鳳’字，汲古閣本、金陵局本‘鳳’作‘見’，皆不允合。”

泰始中，[1]爲尚書殿中郎。三年，都令史駱宰議策秀孝格，[2]五問並得爲上，四三爲中，[3]二爲下，一不第。超宗議不同，詔從宰議。

[1]泰始：南朝宋明帝劉彧年號（465—471）。

[2]秀孝格：按，《南齊書》卷三六《謝超宗傳》作“秀才考

格”。

［3］四三：按，殿本、百衲本同，汲古閣本作“四三一”。

齊高帝爲領軍，愛其才，衛將軍袁粲聞之，[1]謂高帝曰：“超宗開亮，善可與語。”取爲長史、臨淮太守。[2]粲誅，高帝以超宗爲義興太守。[3]昇明二年，[4]坐公事免。詣東府門自通，其日風寒，高帝謂四坐曰：[5]“此客至，使人不衣自暖矣。”超宗既坐，飲酒數盃，辭氣橫出，高帝對之甚歡。

［1］袁粲：又名愍孫，字景倩，陳郡陽夏（今河南太康縣）人。宋明帝死，爲顧命大臣。順帝時，遷至中書監、司徒。時執政蕭道成欲代宋自立，袁粲與荆州刺史沈攸之等謀起兵誅道成，事泄被殺。本書卷二六有附傳，《宋書》卷八九有傳。

［2］臨淮：僑郡名。治所在今江蘇丹陽市、常州市一帶。

［3］義興：郡名。治陽羡縣，在今江蘇宜興市。

［4］昇明：南朝宋順帝劉準年號（477—479）。

［5］坐：按，殿本、百衲本同，汲古閣本作“生”。

及齊受禪，爲黄門郎。有司奏撰郊廟歌，上敕司徒褚彦回、侍中謝朏、散騎侍郎孔珪、太學博士王咺之、總明學士劉融、何法圖、何曇秀作者凡十人，[1]超宗辭獨見用。

［1］褚彦回：褚淵。字彦回，本書避唐高祖李淵諱以字行，河南陽翟（今河南禹州市）人。本書卷二八有附傳，《南齊書》卷二三有傳。　謝朏（fěi）：字敬沖，謝莊子。本書卷二〇有附傳，

《梁書》卷一五有傳。　王咺之：齊東昏侯時爲中書舍人，專掌文翰，與諸權佞共掌朝政。蕭衍平建康，被殺。　總明：總明觀。宋明帝泰始六年（470），以國學廢，立總明觀。齊武帝永明三年（485）國學建，省。　劉融、何法圖、何曇秀：三人皆總明學士。按，《南齊書》卷三六《謝超宗傳》“圖”作“冏”。

爲人恃才使酒，多所陵忽，在直省常醉。上召見，詔及北方事，[1]超宗曰：“虜動來二十年矣，佛出亦無如之何。”以失儀出爲南郡王中軍司馬。人問曰：“承有朝命，定是何府？”超宗怨望，答曰：“不知是司馬，爲是司驢；既是驢府，政應爲司驢。”爲有司奏，以怨望免，禁錮十年。後司徒褚彦回因送湘州刺史王僧虔，[2]閣道壞，墜水；僕射王儉驚跣下車。[3]超宗拊掌笑曰：“落水三公，墜車僕射。”彦回出水，霑濕狼藉。超宗先在僧虔舫，抗聲曰：“有天道焉，天所不容，地所不受。投畀河伯，河伯不受。”彦回大怒曰：“寒士不遜。”[4]超宗曰：“不能賣袁、劉得富貴，焉免寒士。”前後言誚，稍布朝野。

[1]詔：按，汲古閣本、殿本、百衲本作“語”。底本誤，應據諸本改。

[2]湘州：州名。治臨湘縣，在今湖南長沙市。　王僧虔：琅邪臨沂（今山東臨沂市）人。入齊，歷丹陽尹、湘州刺史等。尤善書法，有《論書》等。本書卷二二有附傳，《南齊書》卷三三有傳。

[3]僕射王儉驚跣下車：按，《南齊書》卷三六《謝超宗傳》作“僕射王儉嘗牛驚，跣下車”。王儉，字仲寶，琅邪臨沂（今山

東臨沂市）人。仕齊歷尚書左僕射、尚書令，長於禮學，熟悉朝儀，齊初制度多爲其制定。本書卷二二有附傳，《南齊書》卷二三有傳。

[4]寒士：指先代官位不顯的士人，或者士族中的衰微房分（參見唐長孺《魏晋南北朝史論拾遺》，中華書局1983年版，第253頁）。

武帝即位，使掌國史。除竟陵王征北諮議，領記室，愈不得志。超宗爲子娶張敬兒女爲婦，[1]帝甚疑之。及敬兒誅，超宗謂丹楊尹李安人曰：[2]“往年殺韓信，今年殺彭越，君欲何計？”安人具啓之。上積懷超宗輕慢，使兼中丞袁彖奏超宗請付廷尉。[3]武帝雖可其奏，以彖言辭依違，使左丞王逡之奏彖“輕文略奏，撓法容非，請免彖所居官”。詔“彖匿情欺國，愛朋罔主，免官，禁錮十年”。超宗下廷尉，一宿髮白皓首。詔徙越巂，[4]行至豫章，上敕豫章内史虞悰賜盡，勿傷其形骸。

[1]張敬兒：南陽冠軍（今河南鄧州市）人。後以功高位重，爲齊武帝所疑，被殺。本書卷四五、《南齊書》卷二五有傳。

[2]李安人：《南齊書》卷三六《謝超宗傳》作“李安民”，本書避唐太宗李世民諱改，蘭陵承（今山東棗莊市）人。仕齊歷領軍將軍，尚書左僕射。本書卷四六、《南齊書》卷二七有傳。

[3]袁彖：字偉才，小字史公，陳郡陽夏（今河南太康縣）人。本書卷二六有附傳，《南齊書》卷四八有傳。

[4]越巂：郡名。治邛都縣，在今四川西昌市東南。

明年，超宗門生王永先又告超宗子才卿死罪二十餘條。上疑其妄，以才卿付廷尉辯，以不實見原。永先於獄盡之。[1]

[1]永先於獄盡之：馬宗霍《南史校證》云："按'盡之'《南齊書》本傳作'自盡'，是謂王永先因妄告才卿不實畏罪而自盡也，《南史》改作'盡之'，是謂永先於獄中致才卿於死也，才卿既以不實見原，永先非獄吏，何能盡之，下文《謝幾卿傳》謂兄才卿早卒，若死於獄，則非善終，亦不得謂之卒矣，當從《齊書》。"（第358頁）

才卿弟幾卿，清辯，時號神童。超宗徙越嶲，詔家人不得相隨。幾卿年八歲，别父於新亭，不勝其慟，遂投於江。超宗命佑客數人入水救之，[1]良久涌出，得就岸，瀝耳目口鼻，出水數斗，十餘日乃裁能言。居父憂哀毁過禮。年十二，召補國子生。齊文慧太子自臨策試，[2]謂王儉曰："幾卿本長玄理，今可以經義訪之。"儉承旨發問，幾卿辯釋無滯，文慧大稱賞焉。儉謂人曰："謝超宗爲不死矣。"及長，博學有文采。仕齊爲大尉晋安王主簿。[3]

[1]佑客：按，汲古閣本、殿本、百衲本作"估客"。底本誤，應據諸本改。估客，即行商。

[2]齊文慧太子：即齊文惠太子蕭長懋。字雲喬，齊武帝長子。本書卷四四、《南齊書》卷二一有傳。

[3]大尉：按，百衲本同，汲古閣本、殿本作"太尉"。作"太尉"是。

梁天監中，自尚書三公郎爲書侍御史。[1]舊郎官轉爲此職者，世謂之南奔。幾卿頗失志，多陳疾，臺事略不復理。累遷尚書左丞。

[1]尚書三公郎：官名。尚書省三公曹長官。南朝屬吏部尚書，掌官吏選舉。宋六品。梁侍郎六班，郎中五班。　書侍御史：官名。即治書侍御史，唐人避唐高宗李治諱，省“治”字。爲御史中丞佐貳，御史臺要職。南朝時不爲世族所重。宋六品。梁六班。

幾卿詳悉故實，僕射徐勉每有凝滯，[1]多詢訪之。然性通脱，會意便行，不拘朝憲。嘗預樂遊苑宴，[2]不得醉而還，因詣道邊酒壚，停車褰幔，與車前三騶對飲。[3]時觀者如堵，幾卿處之自若。後以在省署夜著犢鼻褌，與門生登閣道飲酒酣呼，爲有司糾奏，坐免。

[1]徐勉：字脩仁，東海郯（今山東郯城縣）人。本書卷六〇、《梁書》卷二五有傳。　凝滯：按，《梁書》卷五〇《謝幾卿傳》作“疑滯”。

[2]樂遊苑：皇家園林名。又名北苑。南朝宋置。在今江蘇南京市玄武湖南岸九華山南。

[3]騶（zōu）：出行時追隨前後的侍從。

普通六年，[1]詔西昌侯藻督衆軍北侵，[2]幾卿啓求行，擢爲藻軍師長史。將行，與僕射徐勉别，勉云：“淮、淝之役，[3]前謝已著奇功，未知今謝何如？”幾卿應聲曰：“已見今徐勝於前徐，後謝何必愧於前謝。”勉默然。軍至渦陽退敗,[4]幾卿坐免官。

[1]普通：南朝梁武帝蕭衍年號（520—527）。

[2]西昌侯藻：蕭淵藻。字靖藝。梁宗室。本書避唐高祖李淵諱省“淵”字。本書卷五一、《梁書》卷二三有附傳。

[3]淝：按，汲古閣本、百衲本同，殿本作“肥”。

[4]渦陽：縣名。治所在今安徽蒙城縣。

居白楊石井宅，朝中交好者載酒從之，客恒滿坐。時左丞庾仲容亦免歸,[1]二人意相得，並肆情誕縱，或乘露車歷游郊野，醉則執鐸挽歌，不屑物議。湘東王繹在荆鎮與書慰勉之。[2]

[1]庾仲容：字子仲，潁川鄢陵（今河南鄢陵縣）人。本書卷三五有附傳，《梁書》卷五〇有傳。

[2]湘東王繹：蕭繹。即梁元帝。字世誠，梁武帝第七子。本書卷八、《梁書》卷五有紀。

後爲太子率更令。[1]放達不事容儀。性不容非，與物多忤，有乖己者，輒肆意罵之，退無所言。遷左丞。僕射省嘗議集公卿，幾卿外還，宿醉未醒，取枕高卧，傍若無人。又嘗於閤省裸袒酣飲，及醉小遺,[2]下霑令史，爲南司所彈,[3]幾卿亦不介意。轉左光禄長史。卒，文集行於世。

[1]太子率更令：官名。掌東宫門户及賞罰事，與太子家令、太子僕並號太子三卿。宋五品。梁十班。

［2］小遺：小便。

［3］南司：御史中丞别稱。南北朝時御史臺在尚書省南，稱南臺，因稱南臺之長御史中丞爲“南司”。

幾卿雖不持檢操，然於家門篤睦。兄才卿早卒，子藻幼孤，幾卿撫養甚至。及藻成立，歷清官，皆幾卿獎訓之力也。

論曰：謝晦以佐命之功，當顧托之重，殷憂在日，黜昏啓聖，於社稷之計，蓋爲大矣。但廬陵之殞，事非主命，昌門之覆，有乖臣道。博陸所慎，[1]理異於斯。加以身處上流，兵權總己，將欲以外制内，豈人主所久堪乎。向令徐、傅不亡，道濟居外，四權制命，力足相侔，劉氏之危，則有逾累卵。以此論罰，豈曰妄誅。宣遠所爲寒心，[2]可謂睹其萌矣。然謝氏自晋以降，雅道相傳，景恒、景仁以德素傳美，[3]景懋、景先以節義流譽。[4]方明行己之度，玄暉藻繢之奇，[5]各擅一時，可謂德門者矣。靈運才名，江左獨振；而猖獗不已，自致覆亡。人各有能，兹言乃信，惜乎！

［1］博陸：西漢大臣霍光封博陸侯。《漢書》卷六八有傳。

［2］宣遠：謝瞻，字宣遠。

［3］景恒、景仁：謝澹，字景恒。謝裕，字景仁。

［4］景懋、景先：謝純，字景懋。謝述，字景先。

［5］玄暉：謝朓，字玄暉。　藻繢：文辭，文采。

南史　卷二〇

列傳第十

謝弘微 子莊 孫朏 曾孫諼 玄孫哲 朏弟顥 顥弟瀹[1] 瀹子覽 覽弟舉 舉子嘏 舉兄子僑[2]

[1]瀹：按，殿本、百衲本同，汲古閣本作“淪”。本卷下同。

[2]僑：按，殿本、百衲本同，汲古閣本作“憍”。

謝密字弘微，晋西中郎萬之曾孫、尚書左僕射景仁從子也。[1]祖韶，車騎司馬。父思，武昌太守。[2]

[1]萬：謝萬。謝安弟。《晋書》卷七九有附傳。　尚書左僕射：官名。尚書省次官，與尚書令同居宰相之任。位在右僕射上。輔助尚書令執行政務，参議大政，諫諍得失，監察糾彈百官，可封還詔旨，常受命主管官吏選舉。晋三品。　景仁：謝裕。字景仁。本書卷一九、《宋書》卷五二有傳。

[2]父思，武昌太守：中華本校勘記云：“張森楷《南史校勘記》：‘《晋書·謝萬傳》云“韶子恩”，即此人也。“恩”“思”未知誰是。’”

弘微年十歲，繼從叔峻，名犯所繼内諱，故以字行。童幼時精神端審，時然後言。所繼叔父混名知人，[1]見而異之，謂思曰："此兒深中夙敏，方成佳器，有子如此足矣。"峻司空琰子也，[2]於弘微本服緦，[3]親戚中表，素不相識，率意承接，皆合禮衷。

[1]混：謝混。字叔源，小字益壽，謝安孫，東晋孝武帝婿。晋宋之際謝氏家族的領袖人物。因與劉毅交厚，坐罪處死。《晋書》卷七九有附傳。

[2]琰：謝琰。字瑗度，謝安子。東晋安帝隆安三年（399）孫恩起事，再攻會稽，琰爲會稽内史、都督五郡軍事，被孫恩擊殺。《晋書》卷七九有附傳。

[3]服緦：即緦麻服。緦麻是喪服五等中最輕的一等。多指關係較遠的族親。

義熙初，[1]襲爵建昌縣侯。[2]弘微家素貧儉，而所繼豐泰，唯受數千卷書，國吏數人而已，遺財禄秩，一不關預。混聞而驚歎，謂國郎中令漆凱之曰："建昌國禄本應與北舍共之，國侯既不屑意，今可依常分送。弘微重混言，[3]乃少有所受。北舍，弘微本家也。

[1]義熙：東晋安帝司馬德宗年號（405—418）。

[2]建昌縣侯：封爵名。建昌，縣名。治所在今江西奉新縣西。

[3]弘微重混言：按，汲古閣本、殿本、百衲本同，中華本據《宋書》卷五八《謝弘微傳》補作"弘微重違混言"，其校勘記云："按重訓難，於義爲順。"

混風格高峻，少所交納，唯與族子靈運、瞻、晦、曜以文義賞會，[1]常共宴處，居在烏衣巷，故謂之烏衣之游。混詩所言“昔爲烏衣游，戚戚皆親姓”者也。其外雖復高流時譽，莫敢造門。瞻等才辭辯富，弘微每以約言服之，混特所敬貴，號曰微子。謂瞻等曰：“汝諸人雖才義豐辯，未必皆愜衆心，至於領會機賞，言約理要，故當與我共推微子。常言“阿遠剛躁負氣，阿客博而無撿，曜仗才而持操不篤，晦自知而納善不周。設復功濟三才，終亦以此爲恨。至如微子，吾無間然”。又言“微子異不傷物，同不害正，若年造六十，必至公輔”。嘗因酣讌之餘，爲韻語以獎勸靈運、瞻等曰：[2]“康樂誕通度，實有名家韻，若加繩染功，剖瑩乃瓊瑾。宣明體遠識，穎達且沈儁，若能去方執，穆穆三才順。阿多標獨解，弱冠纂華胤，質勝誠無文，其尚又能峻。通遠懷清悟，采采摽蘭訊，直轡鮮不躓，抑用解偏吝。微子基微尚，無倦由慕藺，勿輕一簣少，進往必千仞。數子勉之哉，風流由爾振。如不犯所知，此外無所慎。”靈運、瞻等並有誡厲之言，唯弘微獨盡褒美。曜，弘微兄，多其小字。[3]通遠即瞻字。客兒，靈運小名也。晉世名家身有國封者，起家多拜員外散騎侍郎，[4]弘微亦拜員外散騎侍郎、琅邪王大司馬參軍。[5]

[1]唯與族子靈運、瞻、晦、曜以文義賞會：按，汲古閣本、殿本、百衲本同，中華本據《宋書》卷五八《謝弘微傳》補作“唯與族子靈運、瞻、晦、曜、弘微以文義賞會”。靈運，謝靈運。謝玄之孫。晉時襲封康樂公，入宋降爲侯。文章爲當時之冠。本書

卷一九、《宋書》卷六七有傳。瞻，謝瞻。字宣遠，謝晦兄。善爲文，辭采豐美，與族叔混、族弟靈運俱有盛名。本書卷一九有附傳，《宋書》卷五六有傳。晦，謝晦。字宣明。任荆州刺史，因挾重兵居藩鎮，爲朝廷所忌，遂擁兵作亂，兵敗被誅。本書卷一九、《宋書》卷四四有傳。曜，謝曜。謝弘微兄。歷御史中丞，彭城王義康驃騎長史，宋文帝元嘉四年（427）卒。

[2]爲韻語以獎勸靈運、瞻等：按，謝混《誡族子詩》題咏謝瞻、謝靈運、謝曜、謝晦、謝弘微五人。以賞譽爲主，同時也提出了婉轉的告誡批評，最後表達了自己對諸位後輩的殷切期望。

[3]字：按，殿本同，汲古閣本、百衲本作“子”。

[4]員外散騎侍郎：官名。晋武帝始置，兩晋南北朝屬散騎省。初多以公族、功臣子充任，爲閑散之職。晋六品。

[5]參軍：官名。王公軍府僚屬。品位隨府主地位高低而不等。

義熙八年，混以劉毅黨見誅，混妻晋陵公主改適琅邪王練。[1]公主雖執意不行，而詔與謝氏離絶。公主以混家事委之弘微。混仍世宰相，一門兩封，田業十餘處，僮役千人，唯有二女，年並數歲。弘微經紀生業，事若在公，一錢尺帛出入，皆有文簿。宋武受命，晋陵公主降封東鄉君。以混得罪前代，東鄉君節義可嘉，聽還謝氏。自混亡至是九年，而室宇脩整，倉廩充盈，門徒不異平日。田疇墾闢，有加於舊。東鄉君歎曰：“僕射生平重此一子，[2]可謂知人，僕射爲不亡矣。”中外姻親、道俗義舊見東鄉之歸者，入門莫不歎息，或爲流涕，感弘微之義也。

[1]琅邪王練：晋中書令王珉子，王弘堂弟。宋文帝時歷任侍

中、度支尚書。《宋書》卷四二有附傳。

[2]僕射生平重此一子：按，汲古閣本、殿本、百衲本同，中華本據《宋書》卷五八《謝弘微傳》删“一”字。

性嚴正，舉止必脩禮度，[1]事繼親之黨，恭謹過常。伯叔二母，歸宗兩姑，晨夕瞻奉，盡其誠敬。内外或傳語通訊，輒正其衣冠。婢僕之前，不妄言笑。由是尊卑大小，敬之若神。時有蔡湛之者，及見謝安兄弟，謂人曰："弘微貌類中郎，[2]而性似文靖。"[3]

[1]脩：按，汲古閣本、殿本、百衲本同，中華本據《宋書》卷五八《謝弘微傳》改作“循”。

[2]中郎：指謝萬。曾任西中郎將。

[3]文靖：指謝安。文靖爲其謚號。

文帝初封宜都王，鎮江陵，[1]以琅邪王球爲友，[2]弘微爲文學。[3]母憂去職，居喪以孝稱。服闋，蔬素踰時。文帝即位，爲黄門侍郎，[4]與王華、王曇首、殷景仁、劉湛等，[5]號曰五臣。遷尚書吏部郎，[6]參機密。尋轉右衛將軍，[7]諸故吏臣佐，並委弘微選擬。

[1]江陵：縣名。治所在今湖北荆州市荆州區。亦爲南郡及荆州治所。

[2]王球：字蒨玉（《宋書》作“倩玉”），琅邪臨沂（今山東臨沂市）人。性簡貴，不交游。本書卷二三有附傳，《宋書》卷五八有傳。　友：官名。王府屬官。掌侍從規諫等。宋六品。

[3]文學：官名。南朝諸王及世子置。掌校典籍，侍奉文章。

宋六品。

[4]黄門侍郎：官名。門下省次官，與侍中俱掌門下衆事，位頗重要。宋五品。

[5]王華：字子陵，琅邪臨沂（今山東臨沂市）人。本書卷二三、《宋書》卷六三有傳。　王曇首：琅邪臨沂（今山東臨沂市）人，王弘弟。本書卷二二、《宋書》卷六三有傳。　殷景仁：陳郡長平（今河南西華縣）人。士族出身。本書卷二七、《宋書》卷六三有傳。　劉湛：字弘仁，小字班虎，南陽涅陽（今河南鄧州市）人。劉義康心腹。宋文帝忌之，元嘉十七年（440）下獄死。本書卷三五、《宋書》卷六九有傳。

[6]尚書吏部郎：官名。尚書省吏部曹長官。主管官吏選任、銓叙、調動事務，對五品以下官吏任免有建議權。歷朝皆重其選，職位高於尚書省諸曹郎。宋五品。

[7]右衛將軍：官名。南朝隸領軍將軍（中領軍），掌宫廷宿衛營兵，位在左衛將軍下。宋四品。

居身清約，器服不華，而飲食滋味盡其豐美。兄曜歷御史中丞，[1]彭城王義康驃騎長史，[2]卒官。弘微哀戚過禮，服雖除猶不噉魚肉。沙門釋慧琳嘗與之食，[3]見其猶蔬素，謂曰："檀越素既多疾，即吉猶未復膳。若以無益傷生，豈所望於得理。"弘微曰："衣冠之變，禮不可踰，在心之哀，實未能已。"遂廢食歔欷不自勝。

[1]御史中丞：官名。職掌監察、執法。南朝亦稱南司，其職雖重，世族名士多不樂爲之。宋四品。

[2]彭城王義康：劉義康。宋武帝第四子，宋文帝弟。本書卷一三、《宋書》卷六八有傳。　長史：官名。爲所在官署掾屬之長，故有元僚之稱。

［3］釋慧琳：秦郡秦（今江蘇南京市六合區）人。少出家，兼通佛道，爲宋文帝賞識，朝廷大事皆與議。事見《宋書》卷九七《天竺傳》。

弘微少孤，事兄如父。友睦之至，舉世莫及。口不言人短，見兄曜好臧否人物，每聞之，常亂以他語。歷位中庶子，[1]加侍中。[2]志在素宦，畏忌權寵，固讓不拜，乃聽解中庶子。每獻替及陳事，必手書焚草，人莫之知。上以弘微能膳羞，每就求食，弘微與親舊經營。及進之後，親人問上所御，弘微不答，别以餘語酬之，時人比之漢世孔光。[3]

［1］中庶子：官名。即太子中庶子。東宫屬官。掌侍從、奏事、諫議等。宋五品。

［2］侍中：官名。門下省長官。參預機密政務，掌規諫及賓贊威儀，乃至封駁、平省尚書奏事等。宋三品。

［3］孔光：字子夏。西漢大臣。沐日歸休，兄弟妻子燕語，終不及朝省政事。《漢書》卷八一有傳。

及東鄉君薨，遺財千萬，園宅十餘所，又會稽、吴興、琅邪諸處太傅安、司空琰時事業，[1]奴僮猶數百人，公私咸謂室内資財宜歸二女，田宅僮僕應屬弘微，弘微一不取。自以私禄營葬。混女夫殷叡素好樗蒱，[2]聞弘微不取財物，乃濫奪其妻妹及伯母兩姑之分以還戲責，内人皆化弘微之讓，一無所争。弘微舅子領軍將軍劉湛謂弘微曰：[3]“天下事宜有裁衷，[4]卿此不問，何以居官？”弘微笑而不答。或有譏以“謝氏累世財産，充殷君一朝戲責，譬棄物江海以爲廉耳”。弘微曰：“親戚争財，爲鄙之甚，今内人尚能無言，豈可導之使争。今分多共少，不至有乏，身死之後，豈復見關。”

［1］會稽：郡名。治山陰縣，在今浙江紹興市。　吴興：郡名。治烏程縣，在今浙江湖州市。　琅邪：僑郡名。治金城，在今江蘇句容市西北。

［2］樗蒱：古代一種賭博游戲。以擲骰决勝負，得采有盧、雉、犢、白等稱，視擲出的骰色而定。

［3］領軍將軍：官名。南朝時掌禁衛軍及京都諸軍，爲禁衛軍最高統帥。資深者爲領軍將軍，資淺者爲中領軍。宋三品。

［4］裁衷：猶裁斷。

東鄉君葬，混墓開，弘微牽疾臨赴，病遂甚。[1]元嘉十年卒，[2]年四十二。文帝歎惜甚至，謂謝景仁曰：[3]“謝弘微、王曇首年踰四十，名位未盡其才，此朕之責也。”

［1］遂：按，殿本、百衲本同，汲古閣本作“逐”。

［2］元嘉：南朝宋文帝劉義隆年號（424—453）。

［3］謝景仁：此當是殷景仁。按，據本書卷一九《謝景仁傳》，謝景仁已於東晋安帝義熙十二年（416）去世。

弘微性寬博，無喜愠。末年嘗與友人棋，友人西南棋有死勢，復一客曰：[1]“西南風急，或有覆舟者。”友悟乃救之。弘微大怒，投局於地。識者知其暮年之事，果以此歲終。時有一長鬼寄司馬文宣家，言被遣殺弘微。弘微疾每劇，輒豫告文宣。及弘微死，與文宣分别而去。

[1]復一客曰：按，中華本校勘記云："《册府元龜》八六九無'復一'二字。"

弘微臨終語左右曰："有二厨書，[1]須劉領軍至，可於前燒之，慎勿開也。"書是文帝手敕。上甚痛惜之，使二衛千人營畢葬事，追贈太常。

[1]厨：按，百衲本同，汲古閣本、殿本作"封"。

弘微與琅邪王慧、王球並以簡淡稱，[1]人謂沈約曰：[2]"王慧何如？"約曰："令明簡。"次問王球，約曰："倩玉淡。"又次問弘微，約曰："簡而不失，淡而不流，古之所謂名臣，弘微當之。"其見美如此。子莊。

[1]王慧：亦作王惠。字令明，琅邪臨沂（今山東臨沂市）人。本書卷二三、《宋書》卷五八有傳。慧，按，汲古閣本、百衲本同，殿本作"惠"。

[2]沈約：字休文，吴興武康（今浙江德清縣）人。梁武帝時歷任貴官。本書卷五七、《梁書》卷一三有傳。

莊字希逸，七歲能屬文，及長，韶令美容儀，宋文帝見而異之，謂尚書僕射殷景仁、領軍將軍劉湛曰："藍田生玉，[1]豈虚也哉。”爲隨王誕後軍諮議，[2]領記室。[3]分《左氏》經傳，隨國立篇。製木方丈，圖山川土地，各有分理。離之則州郡殊別，合之則寓内爲一。[4]

[1]生：按，殿本、百衲本同，汲古閣本作“出”。

[2]隨王誕：劉誕。字休文，宋文帝第六子。本書卷一四、《宋書》卷七九有傳。　諮議：官名。即諮議參軍。王公軍府屬官。掌顧問諫議。其位在列曹參軍上，州所置者常帶大郡太守。

[3]記室：官名。南北朝諸王府、公府、將軍府皆置，以參軍主其事。專掌文疏表章。

[4]“製木方丈”至“合之則寓内爲一”：這是用木板製成可以分合的活動地圖。按，土地，殿本、百衲本同，汲古閣本作“地土”。

元嘉二十七年，魏攻彭城，遣尚書李孝伯與鎮軍長史張暢語，孝伯訪問莊及王微，其名聲遠布如此。二十九年，除太子中庶子。時南平王鑠獻赤鸚鵡，普詔群臣爲賦。太子左衛率袁淑文冠當時，[1]作賦畢示莊。及見莊賦，歎曰：“江東無我，卿當獨秀，我若無卿，亦一時之傑。”遂隱其賦。

[1]太子左衛率：官名。掌東宮護衛。宋五品。　袁淑：字陽源，陳郡陽夏（今河南太康縣）人。歷任宣城太守、尚書吏部郎、御史中丞、太子左衛率。太子劉劭將弑宋文帝，不從被殺。本書卷二六有附傳，《宋書》卷七〇有傳。

元凶弒立，[1]轉司徒左長史。[2]孝武入討，密送檄書與莊，令加改正宣布之。莊遣腹心門生具慶奉啓事密詣孝武陳誠。及帝踐祚，除侍中。時魏求通互市，上詔群臣博議。莊議以爲拒而觀釁，有足表强。驃騎竟陵王誕當爲荆州，[3]徵丞相荆州刺史南郡王義宣入輔，[4]義宣固辭不入，而誕便剋日下船。莊以丞相既無入志，而驃騎發便有期，如似欲相逼切。帝乃申誕發日，義宣竟亦不下。

[1]元凶弒立：指宋文帝太子劉劭弒父。元凶，指劉劭。字休遠，宋文帝長子。本書卷一四、《宋書》卷九九有傳。

[2]司徒左長史：官名。位在司徒右長史上。主要協助司徒主持選舉事務。宋六品。

[3]荆州：州名。治江陵縣，在今湖北荆州市荆州區。

[4]南郡王義宣：劉義宣。宋武帝第六子。本書卷一三、《宋書》卷六八有傳。

孝建元年，[1]遷左將軍。[2]莊有口辯，孝武嘗問顔延之曰：[3]“謝希逸《月賦》何如？”答曰：“美則美矣，但莊始知‘隔千里兮共明月’。”帝召莊以延之答語語之，莊應聲曰：“延之作《秋胡詩》，始知‘生爲久離别，没爲長不歸’。”帝撫掌竟日。又王玄謨問莊何者爲雙聲，[4]何者爲疊韻。[5]答曰：“玄護爲雙聲，磝碻爲疊韻。”[6]其捷速若此。初，孝武嘗賜莊寶劍，莊以與豫州刺史魯爽，[7]後爽叛，帝因宴問劍所在。答曰：“昔以與魯爽别，竊爲陛下杜郵之賜。”[8]上甚悦，當時以爲知言。

［1］孝建：南朝宋孝武帝劉駿年號（454—456）。

［2］左將軍：官名。南朝成爲軍府名號，用作加官。宋三品。按，《宋書》卷八五《謝莊傳》作“左衛將軍”。

［3］顏延之：字延年，琅邪臨沂（今山東臨沂市）人。與謝靈運齊名，時稱“顔、謝”。本書卷三四、《宋書》卷七三有傳。

［4］王玄謨：字彦德，太原祁（今山西祁縣）人。宋明帝時官至車騎將軍、南豫州刺史。本書卷一六、《宋書》卷七六有傳。雙聲：兩個字的聲母相同。如“彷彿”“琵琶”。

［5］疊韻：兩個字的韻母相同。如“彷徨”“縹緲”。

［6］玄護爲雙聲，磝碻爲疊韻：按，汲古閣本、殿本、百衲本同，中華本改“磝碻”作“碻磝”，其校勘記云：“‘碻磝’各本譌‘磝碻’，按王玄護，人名，碻磝，地名，今乙正。”

［7］豫州：僑州名。治壽春縣，在今安徽壽縣。　魯爽：小名女生，扶風郿（今陝西眉縣）人。宋孝武帝時與荆州刺史劉義宣、江州刺史臧質俱反，兵敗被殺。本書卷四〇、《宋書》卷七四有傳。

［8］杜郵：地名。戰國秦將白起在此被秦王賜劍自裁，作爲大將被殺的典故。

于時搜才路狹，莊表陳求賢之義曰：

臣聞功傾魏后，非待照車之珍，[1]德柔秦客，豈徒秘璧之貴。隆陂所漸，成敗之由，何嘗不興資得才，替因失士。故《楚書》以善人爲寶，《虞典》以則哲爲難。[2]而進選之軌既隳中代，[3]登造之律，未聞當今，必欲豐本康務，庇人濟俗，匪更惄瀷，奚取九成。

[1]待：按，汲古閣本、殿本、百衲本作“特”。底本誤，應據諸本改。

[2]則哲：語出《尚書·皋陶謨》：“知人則哲，能官人。”後以“則哲”謂知人之智。

[3]軌：按，殿本同，汲古閣本、百衲本作“舉”。

夫才生於時，古今豈貳，士出於世，屯泰焉殊。升曆中陽，英賢起於徐沛，受籙白水，茂異出於荊宛。寧二都智之所産，七隩愚之所育，寔遇與不遇、用與不用耳。今大道光亨，萬務俟德，而九服之曠，九流之艱，提鈞懸衡，委之選部。一人之鑒易限，天下之才難源，以易限之鑒，鏡難源之才，使國罔遺賢，野無滯器，其可得乎？昔公叔登臣，[1]管仲升盜，[2]趙文非私親疏嗣，[3]祁奚豈諂讎比子。[4]茹茅以彙，作範前經，舉爾所知，式昭往牒。且自古任薦，弘明賞罰，成子舉三哲而身致魏輔，[5]應侯任二士而己捐秦相，[6]臼季稱冀缺而疇以田菜，[7]張勃進陳湯而坐之弛爵。[8]此則先事之盛準，亦後王之彝鑒。臣謂宜普命大臣，各舉所知，以付尚書依分銓用。若任得其才，舉主延賞，有不稱職，宜及其坐。重者免黜，輕者左遷。被舉之身，加以禁錮，年數多少，隨愆議制。若犯大辟，則任者刑論。

[1]公叔登臣：指春秋時衛國大夫公叔發舉薦家臣僎爲大夫事。

[2]管仲升盜：典出《禮記·雜記下》：“孔子曰：管仲遇盗，

取二人焉，上以爲公臣，曰：‘其所與遊僻也。可人也。’”

[3]趙文：指趙文子趙武。亦稱趙孟。春秋時晋大臣。在任時舉賢不避親疏。

[4]祁奚：春秋時晋大夫，時人稱其“外舉不避仇，内舉不避親”。參見《左傳》襄公三年。　子：按，殿本、百衲本同，汲古閣本作“于”。

[5]成子：魏成子。戰國時任魏相，荐田子方、卜子夏、段干木等賢者於魏文侯。參見《史記》卷四四《魏世家》。

[6]應侯：范雎。戰國時秦國大臣。任王稽、鄭安平，後受二人事牽連，辭相職。《史記》卷七九有列傳。

[7]臼季：即胥臣。春秋時晋大夫。推薦冀缺（郤缺）。參見《左傳》僖公三十三年。　田菜：封邑。按，汲古閣本、百衲本同，殿本作“田采”。菜，通“采”。

[8]張勃：西漢元帝時，張勃推薦陳湯。參見《漢書》卷五九《張湯傳》。　弛：按，汲古閣本、百衲本同，殿本作“褫”。

又政平訟理，莫先親人，親人之要，寔歸守宰。故黄霸莅潁川累稔，[1]杜畿居河東歷載。[2]或就加恩秩，或入崇暉寵。今莅人之職，宜遵六年之限，進得章明庸惰，退得人不勤勞，[3]如此，則上靡棄能，下無浮謬，考績之風載泰，薪槱之歌克昌。[4]

[1]黄霸：字次公，淮陽陽夏（今河南太康縣）人。治郡有政績。爲西漢時期循吏的代表。《漢書》卷八九有傳。

[2]杜畿：字伯侯，京兆杜陵（今陝西西安市長安區）人。政績常居全國之最。《三國志》卷一六有傳。

[3]勞：按，汲古閣本、百衲本同，殿本作“擾”。

[4]楕：同“櫄”。

初，文帝世，限年三十而仕郡縣，六周乃選代，刺史或十年餘。至是皆易之，仕者不拘長少，莅人以三周爲滿，宋之善政於是乎衰。[1]

[1]“初，文帝世”至“宋之善政於是乎衰”：高敏《南北史掇瑣》云：“按，此段爲《宋書》卷八五同人傳所無，《南史》補也……因爲此前謝莊陳一表，主張‘蒞人之職，宜遵六年之限’。實則官吏的任期愈短，則送迎之事更多，於是獲送迎錢物者愈多，此善政之所以衰也。”（中州古籍出版社 2003 年版，第 106 頁）

是年，拜吏部尚書，[1]莊素多疾，不願居選部，與大司馬江夏王義恭牋，[2]自陳“兩脇癖疢，[3]殆與生俱，一月發動，不減兩三。每痛來逼心，氣餘如綖，利患數年，遂成痼疾。吸吸惙惙，[4]常如行尸。眼患五月來便不復得夜坐，恒閉帷避風。晝夜惛懵，爲此不復得朝脩諸王，[5]慶弔親舊。今之所止，唯在小閤。下官微命，於天下至輕，在己不能不重。家世無年，亡高祖四十，曾祖三十三，亡祖四十七，下官新歲便四十五。[6]加以疾患如此，當復幾時？入年當申前請，以死自固。願侍坐言次，賜垂接助”。三年，坐疾多免官。

[1]吏部尚書：官名。尚書省吏部長官。掌官吏銓選、任免等事宜。東晉、南朝尚書中以吏部爲最貴。宋三品。《資治通鑑》卷一一九《宋紀一》少帝景平元年胡三省注：“自晉以來，謂吏部尚

書爲大尚書，以其在諸曹之右，且其權任要重也。”

[2]江夏王義恭：劉義恭。宋武帝第五子。本書卷一三、《宋書》卷六一有傳。

[3]疢（chèn）：熱病，亦泛指病。

[4]岋（è）岋惙（chuò）惙：憂愁不安的樣子。

[5]脩：按，汲古閣本、百衲本同，殿本作“謁”。

[6]四十五：按，汲古閣本、殿本、百衲本同，中華本改作“三十五”，其校勘記云：“‘三十五’各本作‘四十五’。洪頤煊《諸史考異》：‘莊以泰始二年卒，年四十六，此與江夏王義恭牋在孝建元年，則作四十五者誤也。’據《宋書》《册府元龜》四六三改。”

大明元年，[1]起爲都官尚書。[2]上時親覽朝政，慮權移臣下，以吏部尚書選舉所由，欲輕其勢力。二年，詔吏部尚書依部分置，[3]并詳省閑曹。又别詔太宰江夏王義恭曰：“吏部尚書由來與録共選，[4]良以一人之識不辨洽通，[5]兼與奪威權不宜專一故也。”於是置吏部尚書二人，省五兵尚書。莊及度支尚書顧顗之並補選職。[6]遷左衛將軍，[7]加給事中。[8]時河南獻舞馬，[9]詔群臣爲賦，莊所上甚美。又使莊作《舞馬歌》，令樂府歌之。

[1]大明：南朝宋孝武帝劉駿年號（457—464）。

[2]都官尚書：官名。掌管軍事刑獄。宋三品。隋朝改爲刑部尚書。

[3]部：按，汲古閣本、殿本、百衲本同，中華本據《宋書》卷八五《謝莊傳》改作“郎”。

[4]録：録尚書事省稱。魏晋南北朝多以公卿權重者居之，總

領尚書省政務，位在三公上。又有録尚書六條事、關尚書七條事等。

[5]辨：按，殿本、百衲本同，汲古閣本作“辯”。

[6]度支尚書：官名。尚書省度支曹長官。掌管全國貢税租賦的統計、調撥、支出等事。宋三品。唐朝改爲户部尚書。　顧顗之：按，汲古閣本、殿本、百衲本同，中華本據《宋書·謝莊傳》改作“顧覬之”。應從改。顧覬之，字偉仁，吴郡吴（今江蘇蘇州市）人。本書卷三五、《宋書》卷八一有傳。

[7]左衛將軍：官名。爲禁衛軍長官之一。掌宫禁宿衛，領宿衛營兵。宋四品。

[8]給事中：官名。南朝隸集書省，掌侍從皇帝左右，獻納得失，收發文書。宋五品。

[9]河南：古國名。南北朝時吐谷渾據有今青海黄河以南一帶，宋、齊、梁時被封爲河南王。本書卷七九有傳。

五年，又爲侍中，領前軍將軍。[1]時孝武出行夜還，敕開門。莊居守，以棨信或虚，須墨詔乃開。上後因宴，從容曰：“卿欲效郅君章邪？”[2]對曰：“臣聞蒐巡有度，郊祀有節，盤于游田，著之前誡。陛下今蒙犯塵露，晨往宵還，容致不逞之徒，妄生矯詐，臣是以伏須神筆。”

[1]前軍將軍：官名。掌宫禁宿衛。宋四品。

[2]郅君章：郅惲。字君章，汝南西平（今河南西平縣）人。《後漢書》卷二九有傳。

六年，又爲吏部尚書，領國子博士。坐選公車令張奇免官，事在《顔師伯傳》。後除吴郡太守。[1]

[1]吴郡：郡名。治吴縣，在今江蘇蘇州市。

前廢帝即位，以爲金紫光禄大夫。[1]初，孝武寵姬殷貴妃薨，莊爲誄，言“贊軌堯門”，[2]引漢昭帝母趙婕妤堯母門事，廢帝左東宫銜之。[3]至是遣人詰莊曰：“卿昔作《殷貴妃誄》，知有東宫不?”將誅之。孫奉伯説帝曰：[4]“死是人之所同，政復一往之苦，不足爲困。莊少長富貴，且繫之尚方，[5]使知天下苦劇，然後殺之未晚。”帝曰：“卿言有理。”繫於左尚方。明帝定亂得出，使爲赦詔。莊夜出署門方坐，命酒酌之，已微醉，傳詔停待詔成，[6]其文甚工。後爲尋陽王師，[7]加中書令、散騎常侍。[8]尋加金紫光禄大夫，給親信二十人。卒，贈右光禄大夫，謚憲子。所著文章四百餘首行于世。[9]

[1]金紫光禄大夫：官名。指光禄大夫加賜金章紫綬者。

[2]贊軌堯門：贊軌謂輔佐天子成其功業。堯門即堯母門。漢昭帝降生地鉤弋宫的門名。《史記》卷四九《外戚世家》張守節正義引《括地志》云：“鉤弋宫在長安城中，門名堯母門也。”此文將殷貴妃比之堯母，所以宋前廢帝記恨在心。

[3]左：按，汲古閣本、殿本、百衲本作“在”。底本誤，應據諸本改。

[4]孫奉伯：宋前廢帝將誅謝莊，賴其説而免死。明帝時，歷淮南太守、南譙太守、交州刺史等。事見本書卷四《齊高帝紀》、《宋書》卷八《明帝紀》。

［5］尚方：官署名。隸少府。設令、丞，掌製造宫廷所用器物。多以役徒服勞作，亦爲繫罪囚之所。南朝宋置左、右尚方。

［6］停：按，汲古閣本、百衲本同，殿本作“立”。

［7］師：官名。王國屬官。掌輔導諸王。宋六品。

［8］中書令：官名。中書省長官之一。典尚書奏事，掌朝政機密，出納詔命。南朝時中書令清閑無事，多用作重臣加官。宋三品。　散騎常侍：官名。東晋時參掌機密，選望甚重，職任比於侍中。南朝以後隸屬集書省，掌管圖書文翰。地位驟降，用人漸輕。宋三品。

［9］所著文章四百餘首行于世：《隋書·經籍志四》集部别集類著録宋金紫光禄大夫《謝莊集》十九卷。明人輯有《謝光禄集》。

五子：颺、朏、顥、嵸、瀹，[1]世謂莊名子以風月景山水。颺位晋平太守，[2]女爲順帝皇后，追贈金紫光禄大夫。

［1］瀹：按，汲古閣本、百衲本同，殿本作“瀹”。本卷前文及後文均作“瀹”。應作“瀹”。

［2］晋平：郡名。宋明帝泰始四年（468）改晋安郡置。治侯官縣，在今福建福州市。泰始七年復名晋安郡。

朏字敬冲，[1]幼聰慧。莊器之，常置左右。十歲能屬文。莊游土山，使朏命篇，攬筆便就。琅邪王景文謂莊曰：[2]“賢子足稱神童，復爲後來特達。”莊撫朏背曰：“真吾家千金。”[3]宋孝武帝游姑孰，[4]敕莊攜朏從駕。詔爲《洞井讚》，於坐奏之。帝曰：“雖小重也。”[5]

[1]朏：音 fěi。

[2]王景文：王彧。字景文，琅邪臨沂（今山東臨沂市）人。本書卷二三、《宋書》卷八五有傳。

[3]千金：比喻出類拔萃的少年男子。將少女稱作千金或千金小姐，是元明以後的事。

[4]姑孰：縣名。又作姑熟。在今安徽當塗縣。

[5]雖小重也：按，汲古閣本、百衲本同，殿本作“雖小奇童也”。中華本校勘記云:“‘重’《梁書》作‘奇童’，北監本、殿本、金陵局本同。元大德本、南監本、汲古閣本作‘重’，《通志》作‘重器’。”

仕宋爲衛將軍袁粲長史。[1]粲性簡峻，時人方之李膺。[2]朏謁退，粲曰:“謝令不死矣。”宋明帝嘗敕朏與謝鳳子超宗從鳳莊門入。[3]二人俱至，超宗曰:“君命不可以不往。”乃趨而入。朏曰:“君處臣以禮。”進退不入。[4]時人兩稱之，以比王尊、王陽。[5]後爲臨川内史，[6]以賄見劾，袁粲寢其事。

[1]袁粲：又名愍孫，字景倩，陳郡陽夏（今河南太康縣）人。宋明帝死，爲顧命大臣。順帝時，遷至中書監、司徒。時執政蕭道成欲代宋自立，袁粲與荆州刺史沈攸之等謀起兵誅道成，事泄被殺。本書卷二六有附傳，《宋書》卷八九有傳。

[2]李膺：字元禮，潁川襄城（今河南襄城縣）人。爲名士“八俊”之一。《後漢書》卷六七有傳。

[3]超宗：謝超宗。本書卷一九有附傳，《南齊書》卷三六有傳。

[4]進退：按，汲古閣本、殿本、百衲本同，中華本據《通志》卷一四一改作“遂退”。

［5］王尊、王陽：王陽遇險而退，王尊遇險而進。《漢書》卷七六《王尊傳》載："上以尊爲郿令，遷益州刺史。先是，琅邪王陽爲益州刺史，行部至邛郲九折阪，歎曰：'奉先人遺體，奈何數乘此險！'後以病去。及尊爲刺史，至其阪，問吏曰：'此非王陽所畏道邪？'吏對曰：'是。'尊叱其馭曰：'驅之！王陽爲孝子，王尊爲忠臣。'"

［6］臨川：郡名。治臨汝縣，在今江西撫州市臨川區西。

齊高帝爲驃騎將軍輔政，[1]選朏爲長史。高帝方圖禪代，欲以朏佐命，遷左長史。每夕置酒，獨與朏論魏、晋故事，言石苞不早勸晋文，[2]死方慟哭，方之馮異，[3]非知機也。朏曰："昔魏臣有勸魏武即帝位，魏武曰：'有用我者，其周文王乎。'晋文世事魏氏，將必終身北面。假使魏早依唐、虞故事，亦當三讓彌高。"帝不悦，更引王儉爲左長史，[4]以朏爲侍中，領秘書監。[5]

［1］齊高帝爲驃騎將軍輔政：指蕭道成於宋末掌握大權，準備禪代。

［2］石苞：字仲容，渤海南皮（今河北南皮縣）人。《晋書》卷三三有傳。　晋文：晋文帝司馬昭。字子上。《晋書》卷二有紀。

［3］馮異：字公孫，潁川父城（今河南寶豐縣）人。《後漢書》卷一七有傳。

［4］王儉：字仲寶，琅邪臨沂（今山東臨沂市）人。仕齊歷尚書左僕射、尚書令。長於禮學，熟悉朝儀，齊初制度多爲其制定。本書卷二二有附傳，《南齊書》卷二三有傳。

［5］秘書監：官名。南朝時爲秘書省長官，掌圖書經籍等，領著作省。宋三品。

及齊受禪，朏當日在直，百僚陪位。侍中當解璽，朏佯不知，曰："有何公事？"傳詔云"解璽授齊王"。朏曰："齊自應有侍中。"乃引枕卧。傳詔懼，乃使稱疾，欲取兼人。朏曰："我無疾，何所道。"遂朝服出東掖門，乃得車，仍還宅。是日，遂以王儉爲侍中解璽。既而武帝請誅朏，高帝曰："殺之則成其名，正應容之度外。"又以家貧乞郡，辭旨抑揚，詔免官禁錮五年。永明中，[1]爲義興太守，[2]在郡不省雜事，悉付綱紀，[3]曰："吾不能作主者吏，但能作太守耳。"歷都官尚書，中書令，侍中，領新安王師。求出，仍爲吴興太守。

[1]永明：南朝齊武帝蕭賾年號（483—493）。

[2]義興：郡名。治陽羡縣，在今江蘇宜興市。

[3]綱紀：郡縣綜理府事之吏。指主簿、功曹、五官掾等。

明帝謀入嗣位，引朝廷舊臣，朏内圖止足，且實避事。弟瀹時爲吏部尚書，朏至郡，致瀹數斛酒，還書曰：[1]"可力飲此，勿豫人事。"朏居郡，每不理，常務聚斂，衆頗譏之，亦不屑也。

[1]還：按，汲古閣本、殿本、百衲本作"遺"。底本誤，應據諸本改。

建武四年，[1]徵爲侍中、中書令，不應。遣諸子還都，獨與母留，築室郡之西郭。明帝詔加優禮，旌其素槩，賜牀帳褥席，奉以卿禄。時國子祭酒廬江何胤亦抗表還會稽。[2]永元中，[3]詔徵胐、胤，並不屈。時東昏皆命迫遣，會梁武帝起兵。及建鄴平，徵胐、胤，並補軍諮祭酒，皆不至。及即位，詔徵胐爲侍中、左光禄大夫、開府儀同三司，[4]胤散騎常侍、特進、右光禄大夫，[5]又並不屈。仍遣領軍司馬王果敦譬胐，胐謀於何胤，胤欲獨高其節，紿曰："興王之世，安可久處？"

[1]建武：南朝齊明帝蕭鸞年號（494—498）。

[2]國子祭酒：官名。晋武帝始立國子學，置國子祭酒等，以教生徒。南朝齊國學祭酒，位比諸曹尚書。　何胤：字子季，廬江灊（今安徽霍山縣）人。本書卷三〇、《南齊書》卷五四有附傳。

[3]永元：南朝齊東昏侯蕭寶卷年號（499—501）。

[4]左光禄大夫：官名。作爲在朝顯職的加官，以示優崇。其地位在光禄大夫之上。　開府儀同三司：官名。爲大臣加號，指禮制、待遇與三公相同，許開設府署，自辟僚屬。係給非三公官員以三公待遇。

[5]特進：官名。魏晋南北朝成爲正式加官名號，用以安置閑退大臣，位在三公下。宋二品。梁初不詳。

明年六月，胐輕出，[1]詣闕自陳。帝笑曰："子陵遂能屈志。"[2]詔以爲侍中、司徒、尚書令。[3]胐辭脚疾，不堪拜謁，乃角巾自輿詣雲龍門謝。[4]詔見於華林園，[5]乘小車就席。明旦，乘輿出幸胐宅，宴語盡歡。胐固陳本志，不許。又固請自還迎母，許之。臨發，輿駕臨幸，賦詩餞别，王人送迎相望於道。到都，敕材官起府於舊宅。武帝臨軒，遣謁者於府拜授。[6]詔停諸公事及朔望朝謁。

［1］朏輕出：按，汲古閣本、殿本、百衲本同，中華本據《梁書》卷一五《謝朏傳》補作“朏輕舟出”。

［2］子陵：嚴光。字子陵，會稽餘姚（今浙江餘姚市）人。少與劉秀同學。後隱居富春山。《後漢書》卷八三有傳。此喻指謝朏。

［3］司徒：官名。三公之一，爲名譽宰相。其府屬官仍辦理日常行政事務，掌全國户籍，督課州郡官吏。梁十八班。　尚書令：官名。兩晋、南朝爲尚書省長官。綜理全國政務，參議大政。宋三品。梁初不詳。

［4］角巾：古代隱士所戴有稜角的冠巾。　自輿：按，汲古閣本、殿本、百衲本同，中華本據《梁書・謝朏傳》改作“肩輿”。　雲龍門：城門名。南朝齊時爲臺城最内一重宫城東門（參見祝總斌《兩漢魏晋南北朝宰相制度研究》，中國社會科學出版社 1990 年版，第 229 頁）。

［5］華林園：宫苑名。前身是三國吴宫苑，東晋仿洛陽園名，改爲華林園。南朝宋文帝元嘉間進行了大規模的擴建。在今江蘇南京市雞鳴寺南古臺城内。

［6］謁者：官名。掌賓禮司儀，傳宣詔命，奉命出使。南朝梁、陳爲流外官，員皆十人。宋七品。

三年元會，詔朏乘小輿升殿。朏素憚煩，及居台鉉，[1]兼掌内臺，[2]職事多不覽，以此頗失衆望。其年母憂，尋有詔攝職如故。

［1］台鉉：猶臺鼎。喻宰輔重臣。

［2］内臺：指尚書省。

五年，改授中書監、司徒、衛將軍，[1]固讓不受。遣謁者敦授，留府門及暮，至於經春夏。八月，乃拜受焉。是冬薨，車駕出臨哭，謚曰靖孝。[2]

[1]中書監：官名。與中書令共爲中書省長官，唯入朝時班次略高於令。典尚書奏事，掌朝政機密，草擬及發布詔令。南朝時中書令、監多用作重臣加官。宋三品。梁初不詳。　衛將軍：官名。多作爲軍府名號，以加大臣或重要州郡長官，無具體職掌，但地位隆重。宋二品。梁初不詳。

[2]靖孝：按，汲古閣本、殿本、百衲本同，中華本作“孝靖”。按，《梁書》卷一五《謝朏傳》亦作“靖孝”。

武初，朏爲吴興，[1]以雞卵賦人，收雞數千。及遁節不全，爲清談所少。[2]著書及文章行於世。[3]

[1]武初，朏爲吴興：按，汲古閣本、殿本、百衲本同，中華本於“武”前補“建”字，其校勘記云：“‘建’字各本並脱，按《梁書·謝朏傳》，朏於齊廢帝隆昌元年出爲吴興太守。是年，齊明帝立，改元建武。‘武’上明脱‘建’字，今補正。”

[2]清談：猶清議。指士大夫之間對人物的評價。

[3]著書及文章行於世：《隋書·經籍志二》史部儀注類著録謝朏撰《書筆儀》二十一卷。《隋書·經籍志四》集部總集類小注載謝朏撰《雜言詩鈔》五卷，亡。按，今僅存《與王簡書》一篇，載於《藝文類聚》中。

子諼，位司徒右長史，坐殺牛廢黜。爲東陽内史，[1]及還，五官送錢一萬，止留一百。答曰：“數多劉寵，[2]更以爲愧。”

［1］東陽：郡名。治長山縣，在今浙江金華市。

［2］劉寵：字祖榮，東萊牟平（今山東烟臺市）人。《後漢書》卷七六有傳。

次子譓，不妄交接，門無雜賓。有時獨醉，曰："入吾室者但有清風，對吾飲者唯當明月。"位右光禄大夫。

子哲，字穎豫，美風儀，舉止醞籍，襟情豁朗，爲士君子所重。仕梁至廣陵太守，[1]侯景之亂，[2]因寓居焉。仕陳歷吏部尚書，中書令，侍中，司徒左長史。卒，謚康子。

［1］廣陵：郡名。治廣陵縣，在今江蘇揚州市西北蜀岡上。

［2］侯景：懷朔鎮（今内蒙古固陽縣）人。東魏河南道大行臺，於梁武帝太清初降梁。太清二年（548），舉兵反，攻陷建康，困死梁武帝。又廢簡文帝，自立爲帝，改國號爲漢。史稱侯景之亂。動亂歷時四年，梁從此衰敗。本書卷八〇、《梁書》卷五六有傳。

顗字仁悠，朏弟也。少簡静。宋末爲豫章太守，[1]至石頭，[2]遂白服登烽火樓，坐免官。詣齊高帝自占謝，[3]言辭清麗，容儀端雅，左右爲之傾目，宥而不問。齊永明初，高選文學，[4]以顗爲竟陵王友。歷吏部郎，有簡秀之目。卒於北中郎長史。

［1］豫章：郡名。治南昌縣，在今江西南昌市。

［2］石頭：城名。在今江蘇南京市清凉山。六朝時，江流緊迫山麓，城負山面江，南臨秦淮河口，當交通要衝，爲建康軍事

重鎮。

［3］占謝：占對，也指言辭應答。

［4］文學：按，汲古閣本、殿本、百衲本同，中華本改作“友學”。

顥弟瀹字義潔。年七歲，王景文見而異之，言於宋孝武，召見於人衆中。瀹舉止閑詳，應對合旨，帝悦，詔尚公主，景和敗，[1]事寢。僕射褚彦回以女妻之，[2]厚爲資送。

［1］景和：南朝宋前廢帝劉子業年號（465）。

［2］褚彦回：褚淵。字彦回，本書避唐高祖李淵諱以字行。河南陽翟（今河南禹州市）人。本書卷二八有附傳，《南齊書》卷二三有傳。

性甚敏贍，嘗與劉悛飲，[1]推讓久之，悛曰：“謝莊兒不可云不能飲。”瀹曰：“苟得其人，自可流湎千日。”[2]悛甚慙，無言。仕齊累遷中書侍郎。[3]衛軍王儉引爲長史，雅相禮遇。後拜吏部尚書。

［1］劉悛：字士操，彭城（今江蘇徐州市）安上里人，劉勔子。本書卷三九有附傳，《南齊書》卷三七有傳。

［2］流湎：《尚書·泰誓上》：“沈湎冒色，敢行暴虐。”孔穎達疏：“人被酒困，若沈於水，酒變其色，湎然齊同，故沈湎爲嗜酒之狀。”劉悛父劉勔，“流湎”音與“劉勔”同。因悛斥其父名，故亦以是報之。按，流，殿本、百衲本同，汲古閣本作“沉”。

［3］中書侍郎：官名。爲中書監、令之副，助監、令掌尚書奏

事。宋五品。齊官品不詳。

明帝廢鬱林，[1]領兵入殿，左右驚走報瀹。瀹與客圍棋，每下子，輒云“其當有意”，竟局乃還齋卧，竟不問外事。明帝即位，瀹又屬疾，不知公事。蕭諶以兵臨起之，[2]瀹曰：“天下事，公卿處之足矣；且死者命也，何足以此懼人。”

[1]鬱林：齊鬱林王蕭昭業。齊武帝之孫。武帝死，嗣位，以狂悖無道被殺。本書卷五、《南齊書》卷四有紀。

[2]蕭諶：字彦孚，齊高帝絶服族子。本書卷四一、《南齊書》卷四二有傳。

後宴會功臣上酒，尚書令王晏等興席，[1]瀹獨不起，曰：“陛下受命應天，王晏以爲己力。”獻觴遂不見報。上大笑解之。坐罷，晏呼瀹共載，欲相撫悦，瀹又正色曰：“君巢窟在何處？”晏初得班劍，[2]瀹謂曰：“身家太傅，[3]裁得六人，若何事頓得二十？”晏甚憚之，謂江祏曰：[4]“彼上人者，難爲訓對。”[5]加領右軍將軍。[6]

[1]王晏：字休默，一字士彦，琅邪臨沂（今山東臨沂市）人。本書卷二四有附傳，《南齊書》卷四二有傳。

[2]班劍：飾有花紋的木劍。漢制，朝服帶劍。晋代之以木，謂之班劍，虎賁持之，用作儀仗，是皇帝對王公大臣的一種恩賜。

[3]身：第一人稱，相當於“我”。《資治通鑑》卷八五《晋紀七》惠帝太安二年胡三省注：“晋人多自謂爲身。”

[4]江祏：字弘業，濟陽考城（今河南民權縣）人。姑爲蕭鸞

之母，齊明帝心腹。本書卷四七、《南齊書》卷四二有傳。

[5]詶：按，百衲本同，汲古閣本作“酬”，殿本作“訓”。“詶”同“酬”。

[6]右軍將軍：官名。爲侍衛武職。宋四品。齊官品不詳。

兄朏在吴興，論啓公事稽晚，瀹輒代朏爲啓，上知非朏手迹，被問見原。永泰元年，[1]卒於太子詹事，[2]贈金紫光禄大夫，謚簡子。

[1]永泰：南朝齊明帝蕭鸞年號（498）。

[2]太子詹事：官名。總領東宮官屬、庶務，爲太子官屬之長。兩晋南北朝東宮位重，置官擬於朝廷，時號宫朝。常設重兵，故權任甚重，或參預朝政。宋三品。齊官品不詳。

初，朏爲吴興，瀹於征虜渚送别，朏指瀹口曰："此中唯宜飲酒。" 瀹建武之朝，專以長酣爲事，與劉瑱、沈昭略交，[1]飲各至數斗。齊武帝問王儉："當今誰能爲五言？" 儉曰："朏得父膏腴，江淹有意。"[2]上起禪靈寺，敕瀹撰碑文。瀹子覽。

[1]劉瑱：字士温，彭城（今江蘇徐州市）安上里人。文藻、書法、圖畫並爲當時所稱。本書卷三九、《南齊書》卷四八有附傳。　沈昭略：字茂隆，吴興武康（今浙江德清縣）人。本書卷三七、《南齊書》卷四四有附傳。

[2]江淹：字文通，濟陽考城（今河南民權縣）人。文學家。傳世名篇有《恨賦》《别賦》，今存《江文通集》輯本。本書卷五九、《梁書》卷一四有傳。　有意：指有造詣，有情致。

覽字景滌，選尚齊錢唐公主，拜駙馬都尉。[1]梁武平建鄴，朝士王亮、王瑩等數人揖，[2]自餘皆拜，覽時年二十餘，爲太子舍人，[3]亦長揖而已。意氣閑雅，視瞻聰明，武帝目送良久，謂徐勉曰：[4]“覺此生芳蘭竟體，想謝莊政當如此。”自此仍被賞味。

[1]駙馬都尉：官名。魏晋此職多以宗室外戚及功臣子孫擔任，或加尚公主者。至南朝梁、陳漸成定制，專加尚公主者。

[2]王亮：字奉叔，琅邪臨沂（今山東臨沂市）人。本書卷二三有附傳，《梁書》卷一六有傳。　王瑩：字奉光，琅邪臨沂（今山東臨沂市）人。本書卷二三有附傳，《梁書》卷一六有傳。

[3]太子舍人：官名。東宫屬官掌。文章書記。梁初官品不詳。

[4]徐勉：字脩仁，東海郯（今山東郯城縣）人。本書卷六〇、《梁書》卷二五有傳。

天監元年，[1]爲中書侍郎，掌吏部事，頃之即真。嘗侍坐，受敕與侍中王暕爲詩答贈，[2]其文甚工，乃使重作，復合旨。帝賜詩云：“雙文既後進，二少實名家，豈伊爾棟隆，信乃俱國華。”爲侍中，頗樂酒，因宴席與散騎常侍蕭琛辭相詆毁，[3]爲有司所奏。武帝以覽年少不直，出爲中權長史。

[1]天監：南朝梁武帝蕭衍年號（502—519）。

[2]王暕：字思晦，琅邪臨沂（今山東臨沂市）人，王儉子。世顯貴，不能留心寒素，頗稱刻薄。本書卷二二有附傳，《梁書》卷二一有傳。

[3]蕭琛：字彦瑜，南蘭陵（今江蘇常州市武進區）人，蕭惠

開從子。本書卷一八有附傳，《梁書》卷二六有傳。

後拜吏部尚書，出爲吴興太守。中書舍人黄睦之家居烏程，[1]子弟專横，前太守皆折節事之。覽未到郡，睦之弟迎覽，[2]覽逐去其船，杖吏爲通者，自是睦之家杜門不出。郡境多劫，爲東道患，覽下車肅然。初齊明帝及覽父瀹、東海徐孝嗣並爲吴興，號爲名守，覽皆過之。覽昔在新安，[3]頗聚斂，至是遂稱廉潔，時人方之王述。[4]卒於官，贈中書令。

[1]中書舍人：官名。中書省屬官。南朝諸帝引用寒士、細人等親信入直禁中，出納詔命，處理機密而權力漸重，架空了中書省長官（參見周一良《魏晋南北朝史札記》，中華書局1985年版，第146頁）。宋八品。梁四班。　烏程：縣名。治所在今浙江湖州市。

[2]弟：按，汲古閣本、殿本、百衲本同，中華本據《梁書》卷一五《謝覽傳》補作“子弟”。

[3]新安：郡名。治始新縣，在今浙江淳安縣西北。

[4]王述：字懷祖，太原晋陽（今山西太原市）人。初任宛陵令，頗受贈遺，後歷官清潔。《晋書》卷七五有附傳。

覽弟舉字言揚，幼好學，與覽齊名。年十四，嘗贈沈約詩，爲約所賞。弱冠丁父憂，幾致毁滅。服闋，爲太常博士，[1]與兄覽俱預元會。江淹一見並相欽挹，曰：“所謂‘馭二龍於長塗’者也。”

[1]太常博士：官名。太常屬官。掌引導乘輿，擬議王公以下謚號，參議朝廷禮儀典章。

爲太子家令,[1]掌管記，深爲昭明太子賞接。[2]秘書監任昉出爲新安郡,[3]别舉詩云:“詎念耋嗟人，方深老夫託。”[4]其屬意如此。梁武嘗訪舉於覽，覽曰:“識藝過臣甚遠，唯飲酒不及於臣。”帝大悦。尋除安成郡守,[5]母往於郡喪，辭不赴。歷位左户尚書,[6]遷掌吏部尚書。舉祖莊、父瀹、兄覽並經此職，前代少比。

[1]太子家令：官名。與太子率更令、太子僕並號太子三卿，爲東宫要職。掌東宫刑獄、倉儲、飲食、奴婢。宋五品。梁十班。

[2]昭明太子：蕭統。字惠施，梁武帝長子。本書卷五三、《梁書》卷八有傳。

[3]任昉：字彦升（《梁書》作“彦昇”），樂安博昌（今山東博興縣）人。以文才見知，時與沈約詩並稱“任筆沈詩”。六朝人以講究對偶、音節之文爲文，像《史記》那樣的散文爲筆。本書卷五九、《梁書》卷一四有傳。

[4]詎念耋嗟人，方深老夫託：錢大昕《廿二史考異》卷三五云:“此二句語乃昉答劉孝綽詩，非别舉詩也。”

[5]安成：郡名。治平都縣，在今江西安福縣東南。

[6]左户尚書：官名。即左民尚書，唐人避唐太宗李世民諱改。爲五曹尚書之一。掌户籍和工官之事。宋三品。梁十三班。

舉尤長玄理及釋氏義，爲晋陵郡時,[1]常與義學僧遞講經論，徵士何胤自虎丘山出赴之，其盛如此。先是，北度人盧廣有儒術,[2]爲國子博士,[3]於學發講，僕射徐勉以下畢至。舉造坐屢折廣，辭理遒邁。廣深歎服，仍以所執麈尾、斑竹杖、滑石書格薦之，以況重席焉。加侍中，遷尚書右僕射。

[1]晋陵：郡名。治晋陵縣，在今江蘇常州市。

[2]盧廣：范陽涿（今河北涿州市）人。本書卷七一、《梁書》卷四八有傳。

[3]國子博士：官名。掌教授國子學學業，並參與祭典的顧問。梁九班。

大同三年，[1]出爲吴郡太守。先是，何敬容居郡有美績，[2]世稱爲"何吴郡"。及舉爲政，聲迹略相比。曾要何徵君講《中論》，[3]何難以巾褐入南門，乃從東困進。[4]致詩往復，爲《虎丘山賦》題于寺。

[1]大同：南朝梁武帝蕭衍年號（535—546）。　三年：按，汲古閣本、百衲本同，殿本作"二年"。

[2]何敬容：字國禮，廬江灊（今安徽霍山縣）人。歷官吏部尚書、尚書令。侯景之亂時卒。本書卷三〇有附傳，《梁書》卷三七有傳。

[3]何徵君：何胤。　《中論》：佛教經典。龍樹著，後秦鳩摩羅什譯。内容主要闡明一切現象没有真實存在的體性。爲大乘佛教中觀派最重要的著作。

[4]東困：按，汲古閣本、殿本、百衲本同，中華本據《通志》卷一四一改作"東園"。

入爲侍中、太子詹事、翊左將軍。[1]舉父瀿齊時終此官，累表乞改，敕不許。後遷尚書僕射，侍中、將軍如故。舉雖屢居端揆，未嘗肯預時政，保身固寵，不能有所發明。因疾陳解，敕輒賜假，并敕處方，加給上藥，其恩遇如此。

[1]翊左將軍：官名。南朝梁置，爲優禮大臣的虚號。梁二十班。

侯景來降，帝詢訪朝臣，舉及朝士皆請拒之。帝從朱异言納之，[1]以爲景能立功趙、魏。舉等不敢復言。太清二年，[2]遷尚書令，卒于内臺。上曰："舉非止歷官已多，亦人倫儀表，久著公望，悵恨未授之。可贈侍中、衛將軍、開府儀同三司。"[3]

[1]朱异：字彦和，吴郡錢唐（今浙江杭州市）人。梁武帝寵臣，掌機密三十餘年。本書卷六二、《梁書》卷三八有傳。

[2]太清：南朝梁武帝蕭衍年號（547—549）。

[3]衛將軍：按，汲古閣本、殿本、百衲本同，中華本據《梁書》卷三七《謝舉傳》補作"中衛將軍"。應從改。中衛將軍，官名。南朝梁與中權、中軍、中撫將軍合稱四中將軍，祇授予在京師任職者。梁二十三班。

舉宅内山齋捨以爲寺，泉石之美，殆若自然。臨川、始興諸王常所游踐。[1]邵陵王綸於婁湖立園，[2]廣讌，酒後好聚衆賓冠，手自裂破，投之唾壺，皆莫敢言。舉嘗預宴，王欲取舉幘。舉正色曰："裂冠毁冕，下官弗敢聞命。"拂衣而退。王屢召不返，[3]甚有慙色。舉託情玄勝，尤長佛理，注《净名經》，[4]常自講説。有文集二十卷。子嘏。

[1]臨川：指臨川王蕭宏。字宣達，梁武帝第六弟。本書卷五一、《梁書》卷二二有傳。　始興：指始興王蕭憺。字僧達，梁武

帝第十一弟。本書卷五二、《梁書》卷二二有傳。

[2]邵陵王綸：蕭綸。字世調，梁武帝第六子。本書卷五三、《梁書》卷二九有傳。

[3]召：按，殿本、百衲本同，汲古閣本作“詔”。

[4]《净名經》：又稱《維摩詰經》。大乘佛教的早期經典之一。通行版本由後秦鳩摩羅什譯。

瑕字含茂，風神清雅，頗善屬文。仕梁爲太子中庶子，建安太守。[1]侯景之亂，之廣州依蕭勃。[2]勃敗，在周迪門。[3]後依陳寶應，[4]寶應平，方詣闕。歷侍中，中書令，都官尚書。卒，謚曰光子。有文集行於世。

[1]建安：郡名。治建安縣，在今福建建甌市。

[2]蕭勃：梁宗室蕭景之子。本書卷五一有附傳。

[3]周迪：臨川南城（今江西南城縣東南）人。土著豪强。本書卷八〇、《陳書》卷三五有傳。

[4]陳寶應：晋安候官（今福建福州市）人。世爲閩中著姓。本書卷八〇、《陳書》卷三五有傳。

子儼位侍中、御史中丞、太常卿；伷位尚書僕射。

舉兄子僑字國美。父玄大，仕梁侍中。僑素貴，嘗一朝無食，其子啓欲以班史質錢，[1]答曰："寧餓死，豈可以此充食乎？"太清元年卒，集十卷。長子褘。

[1]班史：指《漢書》。《漢書》爲班固所作，故稱。

僑弟札字世高，亦博涉文史，位湘東王諮議，[1]先僑卒。

[1]湘東王：蕭繹。即梁元帝。字世誠，梁武帝第七子。本書卷八、《梁書》卷五有紀。

論曰：《易》云“積善之家，必有餘慶”。弘微立履所蹈，人倫播美，其世濟不隕，蓋有馮焉。[1]敬沖出入三代，[2]驟經遷革，遁俗之志，無聞貞固之道，居官之方，未免貨財之累。因傴成敬，[3]偃仰當年。古人云：處士全盜虛聲，斯之謂矣。

[1]馮（píng）：憑藉，依恃。
[2]敬沖：謝朏。字敬沖。
[3]傴（yǔ）：曲身，表示恭敬。

南史　卷二一

列傳第十一

王弘 子錫 錫子僧達[1] 曾孫融 弘弟子微 兄遠 遠子僧祐 僧祐子籍 弘從孫瞻 弘玄孫沖 沖子瑒 瑜

[1]子：大德本、汲古閣本、百衲本同，殿本作“弟”。僧達爲王弘少子，作“弟”是。

王弘字休元，琅邪臨沂人也。[1]曾祖導，晋丞相，祖洽，中領軍，父珣，[2]司徒。[3]

[1]琅邪：郡名。治開陽縣，在今山東臨沂市北。　臨沂：縣名。治所在今山東臨沂市。凡東晋、南朝僑人，史籍上照例從原籍作爲何地人，並非實際住在北方某地。

[2]珣：王珣。字元琳。《晋書》卷六五有附傳。

[3]司徒：官名。三公之一，爲名譽宰相。魏晋以降，多爲大官之榮銜或加銜。其府屬官仍辦理日常行政事務，掌全國户籍，督課州郡官吏。晋一品。按，王珣生前未達三公，而是死後贈位司徒。六朝慣例，死贈視同生前得官。

弘少好學，以清悟知名。弱冠爲會稽王道子驃騎主簿。[1]珣頗好積聚，財物布在人間，及薨，弘悉燔券書，一不收責，其餘舊業，悉委諸弟。時内外多難，在喪者皆不得終其哀，唯弘徵召一無所就。

[1]會稽王道子：司馬道子。晋簡文帝子。晋安帝元興元年（402），荆州刺史桓玄舉兵東下，破建康，與其子元顯俱被殺。《晋書》卷六四有傳。　主簿：官名。負責文書簿籍，掌管印鑒等事。其品位隨府主地位高低而不等。

桓玄尅建業，[1]收道子付廷尉，臣吏莫敢瞻送，弘時尚居喪，獨道側拜辭，攀車涕泣，論者稱焉。

[1]桓玄：字敬道，譙國龍亢（今安徽懷遠縣）人，桓温子。《晋書》卷九九有傳。　建業：即建康。在今江蘇南京市。

宋武帝召補鎮軍諮議參軍，[1]以功封華容縣五等侯，[2]累遷太尉左長史。從北征，前鋒已平洛陽，而未遣九錫，[3]弘銜使還都諷朝廷。時劉穆之掌留任，[4]而旨乃從北來，穆之愧懼發病，遂卒。宋國建，爲尚書僕射掌選，[5]領彭城太守。[6]奏彈世子左衛率謝靈運，[7]爲軍人桂興淫其嬖妾，靈運殺興棄屍洪流，御史中丞王准之曾不彈舉。[8]武帝答曰："端右肅正風軌，[9]誠副所期，自今以爲永制。"於是免靈運官。後遷江州刺史，[10]省賦簡役，百姓安之。

［1］諮議參軍：官名。王公軍府屬官。掌顧問諫議。位在諸參軍上。

［2］華容縣五等侯：所謂五等，非指公侯伯子男之五等級。此制之行，衹在東晋末劉裕執政時及南朝宋初年。錢大昕説五等之封但假虛號，未有食邑，蓋出一時權益之制（參見周一良《魏晋南北朝史札記》，中華書局 1985 年版，第 157 頁）。

［3］九錫：古代帝王賜給有大功或有權勢的諸侯大臣的九種器物。《公羊傳》莊公元年："錫者何？賜也；命者何？加我服也。"何休注："禮有九錫：一曰車馬，二曰衣服，三曰樂則，四曰朱户，五曰納陛，六曰虎賁，七曰弓矢，八曰鈇鉞，九曰秬鬯。"後世權臣圖謀篡位，先邀九錫，成爲篡位前的過渡禮典。

［4］劉穆之：字道和，小字道民，本書避唐太宗李世民諱作"道人"，東莞莒（今山東莒縣）人，世居京口（今江蘇鎮江市）。建謀畫策，甚爲劉裕所倚重。劉裕主政以後的一些改良措施和發展勢力的謀劃，劉穆之是重要的贊助者。本書卷一五、《宋書》卷四二有傳。

［5］尚書僕射：官名。尚書省次官，與尚書令同居宰相之任。若置二人，則爲左右僕射；若單置，僅稱尚書僕射。若尚書令缺，則以左僕射爲尚書省長官；若左、右僕射並缺，則置尚書僕射以掌左僕射之事。按，此爲劉裕禪代前的官職。

［6］領：官制術語。兼任。

［7］謝靈運：陳郡陽夏（今河南太康縣）人，謝玄之孫。晋時襲封康樂公，入宋降爲侯。文章爲當時之冠。本書卷一九、《宋書》卷六七有傳。

［8］王淮之：大德本、汲古閣本、殿本、百衲本同，中華本據《册府元龜》卷五八一改作"王准之"。按，作"王准之"是。《宋書》卷六〇有《王准之傳》。

［9］端右：指尚書省長官。王弘時任尚書僕射。

［10］江州：州名。治柴桑縣，在今江西九江市西南。

永初元年，[1]以佐命功，封華容縣公。三年入朝，進號衛將軍、開府儀同三司。[2]帝因宴集曰："我布衣，始望不至此。"傅亮之徒並撰辭，[3]欲盛稱功德。弘率爾對曰："此所謂天命，求之不可得，推之不可去。"時稱其簡舉。

[1]永初：南朝宋武帝劉裕年號（420—422）。

[2]衛將軍：官名。多作爲軍府名號以加大臣或重要州郡長官，無具體職掌，但地位隆重。宋二品。　開府儀同三司：官名。爲大臣加號，指禮制、待遇與三公相同，許開設府署，自辟僚屬。係給非三公官員以三公待遇。

[3]傅亮：字季友，北地靈州（今寧夏吴忠市北武市）人。與徐羨之、謝晦等廢黜宋少帝，迎立文帝。宋文帝元嘉三年（426）爲文帝所誅。本書卷一五、《宋書》卷四三有傳。

少帝景平二年，[1]徐羨之等謀廢立，[2]召弘入朝。文帝即位，以定策安社稷，進位司空，封建安郡公，固辭見許。進號車騎大將軍，開府、刺史如故。徐羨之等以廢弑罪，將及誅，弘以非首謀，且弟曇首又爲上所親委。[3]事將發，密使報弘。羨之既誅，遷侍中、司徒、揚州刺史、録尚書事，[4]給班劍三十人。[5]上西征謝晦，[6]與彭城王義恭居守，[7]入住中書下省，引隊仗出入，司徒府權置参軍。元嘉五年春，[8]大旱，弘引咎遜位。先是彭城王義康爲荆州刺史，[9]鎮江陵，平陸令河南成粲與弘書，誡以盈滿，兼陳彭城王宜入知朝政，竟陵、衡陽宜出據列藩。[10]弘由是固自陳請。乃遷爲衛將軍、開府儀同三司。[11]

[1]景平：南朝宋少帝劉義符年號（423—424）。

[2]徐羡之：字宗文，東海郯（今山東郯城縣）人。與劉裕一起起兵。宋武帝卒後，與謝晦、傅亮等廢黜少帝，迎立文帝，後爲文帝所誅。本書卷一五、《宋書》卷四三有傳。

[3]曇首：王曇首。琅邪臨沂（今山東臨沂市）人，王弘之弟。本書卷二二、《宋書》卷六三有傳。

[4]侍中：官名。門下省長官。參預機密政務，掌規諫及賓贊威儀，乃至封駁、平省尚書奏事等。宋三品。　揚州刺史：官名。東晋、南朝時，往往由宰相兼領，其職權甚至重於尚書令和尚書僕射。　録尚書事：官名。魏晋南北朝多以公卿權重者居之，總領尚書省政務，位在三公上。又有録尚書六條事、關尚書七條事等。

[5]班劍：飾有花紋的木劍。漢制，朝服帶劍。至晋代之以木，謂之班劍，虎賁持之，用作儀仗，是皇帝對王公大臣的一種恩賜。

[6]謝晦：字宣明，陳郡陽夏（今河南太康縣）人。任荆州刺史，因挾重兵居藩鎮，爲朝廷所忌，遂擁兵作亂，兵敗被誅。本書卷一九、《宋書》卷四四有傳。

[7]彭城王義恭：大德本、汲古閣本、殿本、百衲本同，中華本據《宋書》卷四二《王弘傳》改作“彭城王義康”。按，劉義恭於宋文帝元年（404）封江夏王。應從改。彭城王義康，劉義康。宋武帝第四子。宋武帝永初元年（420），封彭城王。本書卷一三、《宋書》卷六八有傳。

[8]元嘉：南朝宋文帝劉義隆年號（424—453）。

[9]荆州：州名。治江陵縣，在今湖北荆州市荆州區。

[10]竟陵：指劉義宣。宋武帝第六子。文帝元嘉元年，封竟陵王。本書卷一三、《宋書》卷六八有傳。　衡陽：指劉義季。宋武帝第七子。文帝元嘉元年，封衡陽王。本書卷一三、《宋書》卷六

一有傳。

[11]遷：大德本、汲古閣本、殿本、百衲本同，中華本據《宋書·王弘傳》改作“降”。

六年，弘又上表陳彭城王宜入輔，并求解州，義康由是代弘爲司徒，與之分録。[1]弘又辭分録。弘博練政體，留心庶事，斟酌時宜，每存優允。與八座丞郎疏曰：[2]“同伍犯法，[3]無人士不罪之科，[4]然每至詰謫，輒有請訴。若常垂恩宥，則法廢不行，依事糾責，則物以爲苦。恐宜更爲其制。”時議多不同，[5]弘以爲：

[1]分録：分指分擔，共同承擔。録即録尚書事。

[2]八座：尚書省高級官員合稱。魏晋南朝以尚書令、左右僕射、五曹尚書爲八座。

[3]同伍：同一伍的人。古時户籍五家爲伍。

[4]人士：中華本校勘記云：“‘人士’宋本《册府元龜》六一五同。《宋書》及明本《册府元龜》六一五並作‘士人’，下同。”

[5]時議多不同：按，諸人之議具載《宋書》卷四二《王弘傳》，本書僅保留一小部分。

謂之人士，便無庶人之坐；署爲庶人，輒受人士之罰，不其頗歟？謂人士可不受同伍之謫，取罪其奴客，[1]庸何傷邪？無奴客，可令輸贖。有脩身閭閻，與群小實隔，又或無奴僮，爲衆所明者，官長二千石便親臨列上，依事遣判。

[1]謂人士可不受同伍之謫，取罪其奴客：《宋書》卷四二

《王弘傳》作“謂士人可不受同伍之讁耳，罪其奴客”。

又主守偷五疋，常偷四十匹，[1]並加大辟。議者咸以爲重。弘以爲：

[1]又主守偷五疋，常偷四十匹：主守偷、常偷分别相當於唐律中的監守自盗和竊盗。

小吏無知，臨財易昧。或由疏慢，事蹈重科。宜進主守偷十匹，[1]常偷五十疋死，四十匹降以補兵。至於官長以上，荷蒙榮禄，冒利五匹乃已爲弘，士人至此，何容復加哀矜。且此輩人士可殺不可讁，謂宜奏聞，决之聖旨。

[1]主：大德本、殿本、百衲本同，汲古閣本作“士”。

文帝從弘議。弘又上言：“舊制，[1]人年十三半役，十六全役。今四方無事，應存消息。[2]請以十五至十六爲半丁，十七爲全丁。”從之。及弟曇首亡，文帝嗟悼不已，見弘流涕歔欷，弘斂容而已。既而彭城王義康言於帝曰：“曇首既爲家寶，又爲國器，弘情不稱，何也？”帝曰：“賢者意不可度。”其見體亮如此。

[1]舊制：指晋制户調之式。參《晋書·食貨志》。

[2]消息：休養生息。

九年，進位太保，[1]領中書監，[2]餘如故。其年薨。贈太保、中書監，給節，加羽葆、鼓吹，[3]增班劍爲六十人。謚曰文昭公，配食武帝廟庭。

[1]太保：官名。南朝除蕭齊外皆置，位尊無實權，多用以安置元老勳舊。宋一品。

[2]中書監：官名。與中書令共爲中書省長官，唯入朝時班次略高於令。典尚書奏事，草擬及發布詔令。南朝時中書令、監清閑無事，多用作重臣加官。宋三品。

[3]羽葆：古時葬禮儀仗的一種。羽葆，用鳥羽裝飾的車蓋。葆，蓋。　鼓吹：演奏鼓吹樂的樂隊。皇帝賜予臣下的一種禮遇。

弘既人望所宗，造次必存禮法。凡動止施爲及書翰儀體，[1]後人皆依放之，謂爲王太保家法。[2]雖歷藩輔，而不營財利，薨亡之後，家無餘業。而輕率少威儀。客有疑其諱者，弘曰："家諱與蘇子高同。"[3]性褊隘，人有忤意，輒加詈辱。少嘗摴蒲公城子野舍，[4]及後當權，有人就弘求縣。此人嘗以蒲戲得罪，弘詰之曰："君得錢會戲，何用禄爲。"答曰："不審公城子野何所在。"弘默然。自領選及當朝總録，將加榮爵於人者，每先呵責譴辱之，然後施行；若美相盻接語欣懽者，必無所諧。人問其故，答曰："王爵既加於人，又相撫勞，便成與主分功，此所謂姦以事君者也。若求者絶官叙之分，既無以爲惠，又不微借顔色，即大成怨府，亦鄙薄所不任。"問者悦伏。[5]子錫嗣。

[1]几：大德本、汲古閣本、殿本、百衲本作“凡”。底本誤，應據諸本改。

[2]王太保家法：《隋書·經籍志二》史部儀注類著録王弘撰《書儀》十卷。

[3]蘇子高：蘇峻。字子高，長廣掖（今山東萊州市）人。東晋將領。《晋書》卷一〇〇有傳。

[4]摴蒱：古代的一種賭博游戲。以擲骰决勝負，得采有盧、雉、犢、白等稱，視擲出的骰色而定。一擲五子皆黑者爲盧，係最勝采。

[5]問：大德本、殿本、百衲本同，汲古閣本作“聞”。

錫字寡光，[1]位太子左衛率、江夏内史，[2]高自位遇。太尉江夏王義恭當朝，[3]錫箕踞大坐，殆無推敬。卒，子僧亮嗣，齊受禪，降爵爲侯。僧亮弟僧衍，位侍中。僧衍弟僧達。[4]

[1]錫字寡光：中華本校勘記云：“張森楷《南史校勘記》：‘毛本、殿本“宣”作“寡”，誤。’按各本俱作‘寡’，無作‘宣’者，不知張氏所據何本，然‘寡光’字亦可疑。”

[2]太子左衛率：官名。東宫屬官。掌東宫護衛。宋五品。江夏：郡名。治夏口城，在今湖北武漢市武昌區。

[3]江夏王義恭：劉義恭。宋武帝第五子。本書卷一三、《宋書》卷六一有傳。

[4]僧衍弟僧達：大德本、汲古閣本、殿本、百衲本同，中華本改作“弘少子僧達”，其校勘記云：“‘弘少子’各本作‘僧衍弟’，據《宋書》改。按《宋書·王僧達傳》亦云‘弘少子’；又載其孝建三年解太常職表云‘亡兄臣錫’‘兄子僧亮’，則僧達爲錫之弟、僧亮爲錫之子無疑，今訂正。”應從改。

僧達幼聰敏，弘爲揚州時，僧達六七歲，[1]遇有通訟者，竊覽其辭，謂爲有理。及大訟者亦進，[2]弘意其小，留左右，僧達爲申理，闇誦不失一句。[3]兄錫質訥乏風采。文帝聞僧達早慧，召見德陽殿，應對閑敏，上甚知之，妻以臨川王義慶女。[4]

[1]六七歲：大德本、殿本、百衲本同，汲古閣本作“六歲”。

[2]及大：馬宗霍《南史校證》云：“《太平御覽》卷三八四《人事部》二五幼智條上引《宋書》云云全與《南史》同，唯‘及大’作‘及入’小異，非沈約書也。‘及大’不可通，似以作‘及入’爲是……‘入’謂僧達遇訟者後自外而入也。”（湖南教育出版社 2008 年版，第 378 頁）

[3]誦：大德本、殿本、百衲本同，汲古閣本作“訟”。

[4]臨川王義慶：劉義慶。宋武帝侄。本書卷一三、《宋書》卷五一有附傳。

少好學，善屬文，爲太子舍人。[1]坐屬疾而於揚列橋觀鬬鴨，爲有司所糾，原不問。性好鷹犬，與閭里少年相馳逐，又躬自屠牛。義慶聞之，令周旋沙門慧觀造而觀之，僧達陳書滿席，舉論文義，[2]慧觀酬答不暇，深相稱美。訴家貧求郡，文帝欲以爲秦郡。[3]吏部郎庾仲文曰：[4]“王弘子既不宜作秦郡，僧達亦不堪莅人。”乃止。遷太子洗馬，[5]母憂去職。

[1]太子舍人：官名。東宮屬官。掌文章書記。宋七品。

[2]舉：大德本、汲古閣本、殿本、百衲本同，中華本據《宋書》卷七五《王僧達傳》改作“與”。

[3]秦郡：僑郡名。治六合縣，在今江蘇南京市六合區。

[4]吏部郎：官名。尚書省吏部曹長官。主管官吏選任、銓敘、調動事務，對五品以下官吏任免有建議權。歷朝皆重其選，職位高於尚書省諸曹郎。宋五品。　庾仲文：庾炳之。字仲文，本書避唐高祖李淵父李昞諱以字行，潁川鄢陵（今河南鄢陵縣）人，庾登之弟。官至吏部尚書。在任貪贓受賄，選舉不實，被免官。本書卷三五、《宋書》卷五三有附傳。

[5]太子洗馬：官名。東宮屬官。掌文翰。宋七品。《梁書》卷四九《庾於陵傳》："舊事，東宮官屬，通爲清選，洗馬掌文翰，尤其清者。近世用人，皆取甲族有才望。"

與兄錫不協。錫罷臨海郡還，[1]送故及奉禄百萬以上，[2]僧達一夕令奴輩取無餘。服闋，爲宣城太守。[3]性好游獵，而山郡無事，僧達肆意馳騁，或五日三日方歸，受辭辯訟，多在獵所。人或逢，不識，問府君所在。僧達且曰："在近。"其後徙義興。[4]

[1]臨海：郡名。治章安縣，在今浙江台州市椒江區章安街道。

[2]送故：東晋、南朝時，州郡長官遷轉離任或病死，皆有送故。或是僚屬隨從長官遷轉，或是贈送財物。

[3]宣城：郡名。治宛陵縣，在今安徽宣城市宣州區。

[4]義興：郡名。治陽羡縣，在今江蘇宜興市。

及元凶弑立，[1]孝武發尋陽，沈慶之謂人曰：[2]"王僧達必來赴義。"人問其所以，慶之曰："虜馬飲江，王出赴難，見其在先帝前，議論開張，執意明决，以此言之，其必至也。"僧達尋至，孝武即以爲長史。及即位，爲尚書右僕射。[3]僧達自負才地，三年間便望宰相。[4]嘗答詔曰："亡父亡祖，司徒司空。"其自負若此。

[1]元凶弑立：指宋文帝太子劉劭弑父。元凶，指劉劭。字休遠，宋文帝長子。本書卷一四、《宋書》卷九九有傳。

[2]沈慶之：字弘先，吴興武康（今浙江德清縣）人。本書卷三七、《宋書》卷七七有傳。

[3]尚書右僕射：官名。尚書省次官，與尚書令同居宰相之任。位在左僕射下。輔助尚書令執行政務，參議大政，諫諍得失，監察糾彈百官，可封還詔旨，常受命主管官吏選舉。宋三品。

[4]三：大德本、汲古閣本、殿本、百衲本同，中華本據《宋書》卷七五《王僧達傳》改作"一二"。

後爲護軍將軍，[1]不得志，乃求徐州，[2]上不許。固陳，乃以爲吴郡太守。[3]時朞歲五遷，彌不得意。吴郭西臺寺多富沙門，僧達求須不稱意，乃遣主簿顧曠率門義劫寺内沙門竺法瑶得數百萬。荆、江夏反叛，[4]加僧達置佐領兵。臺符聽置千人，[5]而輒立三十隊，隊八十人。立宅於吴，多役功力，坐免官。後孝武獨召見，傲然了不陳遜，唯張目而視。及出，帝歎曰："王僧達非狂如何？乃戴面向天子。"後顔師伯詣之，[6]僧達慨然曰："大丈夫寧當玉碎，安可以没没求活。"師伯不答，逡巡便退。

[1]護軍將軍：官名。禁衛軍長官，略低於領軍將軍。資歷深者爲護軍將軍，資歷淺者爲中護軍。南朝宋護軍將軍（中護軍）多與尚書省長官以及光禄大夫兼任，顯示其在宫外任職，且已比較閑

散。宋三品。

[2]徐州：州名。南朝宋武帝永初二年（421）改徐州爲南徐州，以北徐州爲徐州。治彭城縣，在今江蘇徐州市。

[3]吴郡：郡名。治吴縣，在今江蘇蘇州市。

[4]荆、江夏反叛：大德本、汲古閣本、殿本、百衲本同，中華本據《宋書》卷七五《王僧達傳》改作“荆江反叛”。按，底本誤，應從删。李慈銘《南史札記》:“荆謂荆州刺史義宣，江謂江州刺史臧質。”

[5]臺符：中央下達地方的文書。

[6]顔師伯：字長淵，本書避唐高祖李淵諱作“長深”，琅邪臨沂（今山東臨沂市）人。本書卷三四、《宋書》卷七七有傳。

初，僧達爲太子洗馬在東宫，愛念軍人朱靈寶，及出爲宣城，靈寶已長。僧達詐列死亡，寄宣城左永籍之，[1]注以爲子，改名元序。啓文帝以爲武陵國典衛令，[2]又以補竟陵國典書令，[3]建平國中軍將軍。[4]孝建元年，[5]事發，又加禁錮。表謝言不能因依左右，傾意權貴。上愈怒。僧達族子確少美姿容，僧達與之私款。確叔父休爲永嘉太守，[6]當將確之郡，僧達欲逼留之，確知其意，避不往。僧達潛於所住屋後作大阬，欲誘確來别，殺埋之。從弟僧虔知其謀，禁呵乃止。御史中丞劉瑀奏請收案，[7]上不許。二年，除太常，[8]意尤不悦。頃之，上表解職，文旨抑揚。侍中何偃以其言不遜，[9]啓付南臺，又坐免官。

[1]籍之：大德本、汲古閣本、百衲本同，殿本、中華本作“之籍”。

[2]典衛令：官名。王國屬官。掌府第警衛。

[3]典書令：官名。王國屬官。掌管國相以下公文上奏。

[4]中軍將軍：官名。王國官。南朝宋大、小國皆設三軍。地位很低，未能列入九品以上的流内品階。

[5]孝建：南朝宋孝武帝劉駿年號（454—456）。

[6]永嘉：郡名。治永寧縣，在今浙江温州市。

[7]御史中丞：官名。御史臺長官。職掌監察、執法。南朝亦稱南司。六朝第一流高門多不居此職。宋四品。

[8]太常：官名。南朝禮儀郊廟制度由尚書八座及儀曹裁定，太常位尊職閑。宋三品。

[9]何偃：字仲弘，廬江灊（今安徽霍山縣）人，何尚之子。本書卷三〇有附傳，《宋書》卷五九有傳。

先是，何尚之致仕，復膺朝命，於宅設八關齋，[1]大集朝士，自行香，[2]次至僧達曰："願郎且放鷹犬，勿復游獵。"僧達答曰："家養一老狗，放無處去，已復還。"尚之失色。大明中，[3]以歸順功，封寧陵縣五等侯，累遷中書令。[4]黄門郎路瓊之，[5]大后兄慶之孫也，[6]宅與僧達門並。嘗盛車服詣僧達，僧達將獵，已改服。瓊之就坐，僧達了不與語，謂曰："身昔門下騶人路慶之者，[7]是君何親?"遂焚瓊之所坐牀。太后怒，泣涕於帝曰："我尚在而人陵之，我死後乞食矣。"帝曰："瓊之年少，無事詣王僧達門，見辱乃其宜耳。僧達貴公子，豈可以此加罪乎?"太后又謂帝曰："我終不與王僧達俱生。"先是，南彭城蕃縣人高闍、沙門釋曇標、道方等共相誑惑，[8]自言有鬼神龍鳳之瑞，嘗聞簫鼓音，與秣陵人藍宕期等謀爲亂，[9]又結殿中將軍苗乞食等起兵攻宫門。[10]事發，凡黨與死者數十人。僧達屢經犯忤，以爲終無悛心，[11]因高闍事陷之，收付廷尉，於獄賜死。時年三十六。帝亦以爲恨，謂江夏王義恭曰："王僧達遂不免死，追思太保餘烈，使人慨然。"於是詔太保華容文昭公門爵國姻，一不貶絶。

［1］八關齋：佛教語。指在家信徒一晝夜受持的八條戒律。一不殺生，二不偷盗，三不邪淫，四不妄語，五不飲酒、食肉，六不著花鬘瓔珞、香油塗身、歌舞倡伎故往觀聽，七不得坐高廣大床，八不得過齋後喫食。

［2］行香：當即執香依次熏客人之手，並有祝願之詞（參見周一良《魏晋南北朝史札記》，第464頁）。

［3］大明：南朝宋孝武帝劉駿年號（457—464）。

［4］中書令：官名。中書省長官之一。典尚書奏事，掌朝政機密，出納詔命。南朝時中書令清閑無事。宋三品。

［5］黄門郎：官名。黄門侍郎省稱。門下省次官，與侍中俱掌門下衆事，位頗重要。宋五品。

［6］大后：大德本、汲古閣本、殿本、百衲本作"太后"。按，下文亦作"太后"。應改作"太后"。太后，指路惠男。宋文帝皇妃。本書卷一一、《宋書》卷四一有傳。

［7］身：第一人稱，相當於"我"。《資治通鑑》卷八五《晋紀七》惠帝太安二年胡三省注："晋人多自謂爲身。"

［8］南彭城：僑郡名。東晋僑置於晋陵郡界，治所在今江蘇常州市武進區西。隋廢。

［9］秣陵：縣名。治所在今江蘇南京市。按，秣陵爲京邑二縣之一。所轄秦淮河南岸平原一帶。　藍宕期：大德本、汲古閣本、殿本、百衲本同，中華本據《宋書》卷七五《王僧達傳》改作"藍宏期"。

［10］殿中將軍：官名。南朝爲侍衛武職。宋六品。

［11］以爲終無悛心：大德本、汲古閣本、殿本、百衲本同，中華本據《宋書·王僧達傳》補作"上以爲終無悛心"。

時有蘇寶者名寶生，本寒門，有文義之美，官至南臺侍御史、江寧令，坐知高闍謀反，不即啓，[1]亦伏誅。

［1］不即啓：底本"啓"上空白，大德本、汲古閣本、殿本、百衲本作"不即聞啓"。

僧達子道琰，徙新安。[1]元徽中，[2]爲廬陵内史，[3]未至郡，卒。子融。

［1］新安：郡名。治始新縣，在今浙江淳安縣西北。

［2］元徽：南朝宋後廢帝劉昱年號（473—477）。

［3］廬陵：郡名。治石陽縣，在今江西吉水縣東北。

融字元長，少而神明警慧。母臨川太守謝惠宣女，[1]性敦敏，教融書學。博涉有文才，從叔儉謂人曰：[2]"此兒至四十，名位自然及祖。"舉秀才，[3]累遷太子舍人。以父宦不通，弱年便欲紹興家業，啓齊武帝求自試，遷秘書丞。[4]從叔儉初有儀同之授，[5]贈儉詩及書，儉甚奇之，笑謂人曰："穰侯印詎便可解。"[6]歷丹陽丞，[7]中書郎。[8]

［1］謝惠宣：陳郡陽夏（今河南太康縣）人，謝惠連弟。事見

本書卷一九《謝惠連傳》。

[2]儉：王儉。字仲寶，琅邪臨沂（今山東臨沂市）人。仕齊歷尚書左僕射、尚書令，長於禮學，熟悉朝儀，齊初制度多爲其制定。本書卷二二有附傳，《南齊書》卷二三有傳。　謂人：大德本、殿本、百衲本同，汲古閣本作“謂融”。

[3]舉秀才：南朝舉薦人才的科目之一。由於州郡中正把持察舉權，故所舉多士族高門。

[4]秘書丞：官名。爲秘書監之副。負責典籍圖書的管理和整理校定。南朝以來尤爲清選。宋六品。齊官品不詳。

[5]儀同：官名。開府儀同三司省稱。

[6]穰侯：戰國秦大臣魏冉。封穰侯。《史記》卷七二有傳。

[7]丹陽丞：官名。丹陽尹丞。東晋、南朝置，丹陽尹屬官。

[8]中書郎：官名。中書侍郎省稱。爲中書監、令之副，助監、令掌尚書奏事。宋五品。齊官品不詳。

永明末，[1]武帝欲北侵，使毛惠秀畫《漢武北伐圖》，融因此上疏，開張北侵之議。圖成，上置琅邪城射堂壁上，[2]游幸輒觀焉。九年，芳林園禊宴，[3]使融爲《曲水詩序》，當時稱之。上以融才辯，使兼主客，[4]接魏使房景高、宋弁。弁見融年少，問：“主客年幾？”融曰：“五十之年，久踰其半。”景高又云：“在北聞主客《曲水詩序》勝延年，[5]實願一見。”融乃示之。後日，宋弁於瑶池堂謂融曰：“昔觀相如《封禪》，以知漢武之德，今覽王生《詩序》，用見齊主之盛。”融曰：“皇家盛明，豈直比蹤漢武，更慙鄙製，無以遠匹相如。”上以魏所送馬不稱，使融問之曰：“秦西冀北，實多駿驥，而魏之良馬，乃駑不若，將旦旦信誓，有時而爽，駉駉之牧，遂不能嗣？”宋弁曰：“當是不習地土。”融曰：“周穆馬迹徧於天下，[6]若騏騮之性，因地而遷，則造父之策，[7]有時而躓。”弁曰：“王主客何爲勤勤於千里？”融曰：“卿國既異其優劣，聊復相訪，若千里斯至，聖上當駕鼓車。”[8]弁曰：“向意既須，必不能駕鼓車也。”融曰：“買死馬之骨，亦以郭隗之故。”[9]弁不能答。

[1]永明：南朝齊武帝蕭賾年號（483—493）。

[2]琅邪城：城名。齊武帝將琅邪郡城移到白下城，在今江蘇南京市金川門外，幕府山南麓。

[3]芳林園：皇家園林名。本齊高帝舊宅，臨近青溪。在今江蘇南京市竺橋東南。

[4]兼：官制術語。即以本官兼任。　主客：官名。尚書省主客郎省稱。掌接侍賓客和少數民族事務。宋六品。齊官品不詳。

[5]延年：顔延之。字延年，琅邪臨沂（今山東臨沂市）人。本書卷三七、《宋書》卷七三有傳。作《三月三日曲水詩序》，載於《文選》卷四六。

[6]周穆：西周國君周穆王。後世傳説周穆王曾得八駿馬，周行天下。

[7]造父：善於御馬，相傳爲周穆王御八駿，日馳千里。

[8]鼓車：載鼓之車。古代皇帝出外時的儀仗之一。按，《後漢書》卷七六《循吏列傳》載光武帝詔以千里馬駕鼓車。

[9]買死馬之骨，亦以郭隗之故：按，此句意謂郭隗買死馬，却得到人才，我們買了你們的駑馬，得到了什麼？郭隗，戰國時燕國人。隗以“千金市馬”爲喻説燕昭王。昭王築黄金臺以招賢者。於是樂毅等士人争赴燕國。詳見《史記》卷三四《燕召公世家》。

融躁於名利，自恃人地，三十内望爲公輔。初爲司徒法曹，[1]詣王僧祐，因遇沈昭略，[2]未相識。昭略屢顧盻，謂主人曰："是何年少？"融殊不平，謂曰："僕出於扶桑，入於暘谷，[3]照耀天下，誰云不知，而卿此問？"昭略云："不知許事，且食蛤蜊。"[4]融曰："物以群分，方以類聚，君長東隅，居然應嗜此族。"其高自標置如此。

[1]司徒法曹：官名。即司徒法曹參軍。掌律令、定罪、盗賊等事。宋七品。齊官品不詳。

[2]沈昭略：字茂隆，吴興武康（今浙江德清縣）人，沈文季侄。本書卷三七、《南齊書》卷四四有附傳。

[3]暘：汲古閣本、殿本同，大德本作"睗"，百衲本、中華本作"湯"。

[4]食蛤蜊：蓋北人及南方之僑人輕詆吴人時所慣用（參見周一良《魏晋南北朝史札記》，第467頁）。蛤蜊，海蚌。

及爲中書郎，嘗撫案歎曰："爲爾寂寂，鄧禹笑人。"[1]行遇朱雀桁開，[2]路人填塞，乃搥車壁曰："車中乃可無七尺，車前豈可乏八騶。"[3]

[1]鄧禹笑人：東漢時鄧禹年二十四爲司徒。王融年龄已過，所以這麽説。參見《後漢書》卷四六《鄧禹傳》。

[2]朱雀桁：浮橋名。亦作朱雀航、朱雀橋，又稱南桁、大航等。建康南城門朱雀門外之浮橋，横跨秦淮河上。桁爲連船而成，長九十步，廣六丈。在今江蘇南京市鎮淮橋東南。

[3]八騶：晋代以來，諸公、諸從公出行，有八卒騎馬前導。

及魏軍動，竟陵王子良於東府募人，[1]板融寧朔將軍、軍主。[2]融文辭捷速，有所造作，援筆可待，子良特相友好。晚節大習騎馬，招集江西傖楚數百人，並有幹用，融特爲謀主。武帝病篤暫絶，子良在殿内，太孫未入，融戎服絳衫，[3]於中書省閤口斷東宫仗不得進，欲矯詔立子良。詔草已立，上重蘇，朝事委西昌侯鸞。[4]梁武謂范雲曰：[5]"左手據天下圖，右手刎其喉，愚夫不爲。主上大漸，國家自有故事，道路籍籍，將有非常之舉，[6]卿聞之乎？"雲不敢答。俄而帝崩，融乃處分以子良兵禁諸門，西昌侯聞，急馳到雲龍門，[7]不得進，乃曰："有敕召我。"仍排而入，奉太孫登殿，命左右扶出子良，指麾音響如鍾，殿内無不從命。融知不遂，乃釋服還省，歎曰："公誤我。"

[1]竟陵王子良：蕭子良。字雲英，齊武帝第二子。本書卷四四、《南齊書》卷四〇有傳。

[2]板：官制術語。南朝時，諸王大臣對屬官自行任命稱板。　寧朔將軍：官名。南朝爲雜號將軍。宋四品。齊官品不詳。　軍主：官名。南北朝置，一軍的主將，其下設有軍副。所統兵力自數百人至萬人以上不等。南朝無固定品階，最高者爲三品將軍。

[3]絳衫：南朝將士戎服都是絳衣。

[4]西昌侯鸞：蕭鸞。即齊明帝。字景栖，齊高帝兄蕭道生之子。本書卷五、《南齊書》卷六有紀。

[5]梁武：梁武帝蕭衍。時爲竟陵王子良部下。本書卷六、卷七，《梁書》卷一至卷三有紀。　范雲：字彦龍，南鄉舞陰（今河南泌陽縣）人。與蕭衍素善，仕梁官至尚書右僕射。本書卷五七、《梁書》卷一三有傳。

[6]將：大德本、殿本、百衲本同，汲古閣本作“當”。

[7]雲龍門：城門名。南朝齊爲臺城最内一重宫城東門（參見祝總斌《兩漢魏晋南北朝宰相制度研究》，中國社會科學出版社1990年版，第229頁）。

鬱林深怨融，[1]即位十餘日，收下廷尉獄。使中丞孔珪倚爲奏曰：[2]“融姿性剛險，立身浮競，動迹驚群，抗言異類。近塞外微塵，苦求將領，遂招納不逞，扇誘荒傖。狡弄威聲，專行權利，反覆唇齒之間，傾動頰舌之内，威福自己，無所忌憚，誹謗朝政，歷毁王公。謂己才流，無所推下，事暴遠近，使融依源據答。”融辭曰：“囚實頑蔽，觸行多愆。但夙忝門素，得奉教君子。爰自總髮，迄將立年，州閭鄉黨，見許愚耷。[3]過蒙大行皇帝奬育之恩，[4]又荷文皇帝識擢之重，[5]司徒公賜預士林，[6]安陸王曲垂盻接，[7]前後陳伐虜之計，亦仰簡先朝。今叚犬羊乍擾，[8]令囚草撰符詔。及司徒宣敕招募，同例非一，實以戎事不小，不敢承教。續蒙軍號，賜使招集，銜敕而行，非敢虚扇。且‘張弄威聲’，應有形迹。‘專行權利’，又無贓賄。‘反覆唇齒之間’，未審悉與誰言？‘傾動頰舌之内’，不容無主。[9]自上《甘露頌》及《銀甕啓》《三日詩序》《接虜使語辭》，竭思稱揚，得非誹謗。囚才分本劣，謬被策用，悚怍之情，夙宵兢惕，自循自省，並愧流言。伏惟明皇臨守，[10]普天蒙澤，戊寅赦恩，輕重必宥，百日曠期，始蒙旬日，一介罪身，獨嬰憲劾。”融被收，朋友部曲，參問北寺，[11]相繼於道；請救於子良，子良不敢救；西昌侯固争不得。[12]詔於獄賜死，時年二十七。臨死歎曰："我若不爲百歲老母，當吐一言。"融意欲指斥帝在東宫時過失也。[13]

[1]鬱林：齊鬱林王蕭昭業。齊武帝長孫。武帝死，嗣位。在位不及一年，爲蕭鸞所殺。本書卷五、《南齊書》卷四有紀。

[2]孔珪：字德璋，會稽山陰（今浙江紹興市）人。本書卷四九、《南齊書》卷四八有傳。《南齊書》作"孔稚珪"，本書避唐高宗李治諱作"孔珪"或"孔季珪"。

[3]愚沓（shèn）：敦厚謹慎。沓，同"慎"。

[4]大行皇帝：指剛去世的齊武帝。皇帝死亡稱作大行，即一去不返之意。

[5]文皇帝：南朝齊文惠太子蕭長懋。被齊鬱林王追謚爲文帝。本書卷四四、《南齊書》卷二一有傳。

[6]司徒公：指蕭子良。齊武帝永明五年（487）以司徒爲相執政。

[7]安陸王：蕭子敬。齊武帝第五子。本書卷四四、《南齊書》卷四〇有傳。

[8]今叚：這次，此時。

[9]不容無主：大德本、汲古閣本、百衲本同，殿本、《南齊書》卷四七《王融傳》作"不容都無主此"。馬宗霍《南史校證》云："主此之'主'，《殿本南齊書考證》謂南監本作'彼'，似以'彼此'爲長。"（第382頁）

[10]守：大德本、百衲本同，汲古閣本、殿本、中華本作"宇"。

[11]寺：大德本、殿本、百衲本同，汲古閣本作"守"。

[12]西昌侯固争不得：《南齊書·王融傳》無此句。馬宗霍《南史校證》云："王鳴盛曰：'武帝疾篤，太子前死，太孫幼戇，

鸞篡奪之謀已定，若融計得成，鸞事敗矣，恨融刺骨，必欲殺之，安肯争其死乎。’余亦謂延壽增此一語，與當時情事不合，非實録也。”（第383頁）

[13]斥：大德本、汲古閣本、百衲本同，殿本作“斤”。

先是，太學生會稽魏準，以才學爲融所賞，既欲奉子良，而準鼓成其事。太學生虞羲、丘國賓竊相謂曰：“竟陵才弱，王中書無斷，敗在眼中矣。”及融誅，召準入舍人省詰問，[1]遂懼而死，舉體皆青，時人以準膽破。融文集行於時。[2]

[1]舍人省：官署名。南朝齊置，屬中書省。以中書通事舍人四人爲長官，直接受命於皇帝。負責草擬詔書，受理文書章奏，監督指導尚書省及中央、地方各機構執行政務。成爲政權的中樞。

[2]融文集行於時：《隋書·經籍志四》集部别集類著録齊中書郎《王融集》十卷。時，大德本、百衲本同，汲古閣本、殿本作“世”。

微字景玄，弘弟光禄大夫孺之子也。少好學，善屬文，工書，兼解音律及醫方卜筮陰陽數術之事。宋文帝賜以名蓍。[1]初爲始興王友，[2]父憂去職。微素無宦情，服闋，除南平王鑠右軍諮議參軍，[3]仍爲中書侍郎。[4]時兄遠免官歷年，微歎曰：“我兄無事而屏廢，我何得而叨忝踰分？”文帝即以遠爲光禄勳。[5]

[1]蓍（shī）：蓍草。古代常以其莖用作占卜。

[2]友：官名。王府屬官。掌侍從規諫等。宋六品。

[3]南平王鑠：劉鑠。字休玄，宋文帝第四子。本書卷一四、《宋書》卷七二有傳。

[4]仍爲中書侍郎：按，據《宋書》卷六二《王微傳》，諮議參軍稱疾不就，中書侍郎亦固辭，是皆未受職也。

[5]光禄勳：官名。掌宫殿門户及一部分宫廷供御事務。宋三品。

微爲文好古，言頗抑揚，袁淑見之，[1]謂爲訴屈。吏部尚書江湛舉微爲吏部郎，[2]微確乎不拔。時論者或云微之見舉，廬江何偃亦參其議。偃慮爲微所咎，與之書自陳。微報書深言塵外之適。其從弟僧綽宣文帝旨使就職，[3]因留之宿。微妙解天文，知當有大故，獨與僧綽仰視，謂曰："此上不欺人，非智者其孰能免之。"遂辭不就。尋有元凶之變。

[1]袁淑：字陽源，陳郡陽夏（今河南太康縣）人。歷任宣城太守、尚書吏部郎、御史中丞、太子左衛率。太子劉劭將弑宋文帝，不從被殺。本書卷二六有附傳，《宋書》卷七〇有傳。

[2]吏部尚書：官名。尚書省吏部長官。掌官吏銓選、任免等。東晋、南朝尚書中以吏部爲最貴。宋三品。《資治通鑑》卷一一九《宋紀一》少帝景平元年胡三省注："自晋以來，謂吏部尚書爲大尚書，以其在諸曹之右，且其權任要重也。"　江湛：字徽淵，本書避唐高祖李淵諱作"徽深"，濟陽考城（今河南民權縣）人。爲宋文帝起草廢太子劉劭詔書，被劉劭所殺。本書卷三六有附傳，《宋書》卷七一有傳。

[3]僧綽：王僧綽。琅邪臨沂（今山東臨沂市）人，王曇首子。任侍中，參與機密。太子劭殺宋文帝，亦被害。本書卷二二有

附傳，《宋書》卷七一有傳。

微常住門屋一間，尋書玩古，遂足不履地。終日端坐，牀席皆生塵埃，唯當坐處獨净。弟僧謙亦有才譽，爲太子舍人，遇疾，微躬自處療，而僧謙服藥失度，遂卒。深自咎恨，發病不復自療，哀痛僧謙不能已，以書告靈。僧謙卒後四旬而微終，遺令薄葬，不設輀旐鼓挽之屬，[1]施五尺牀爲靈，二宿便毁，以常所彈琴置牀上，何長史偃來，以琴與之。無子，家人遵之。所著文集傳於世。[2]贈秘書監。[3]

[1]輀（ér）：古代載運靈柩的車。　旐（zhào）：引魂幡。出喪時爲棺柩引路的旗。

[2]所著文集傳於世：《隋書·經籍志四》集部别集類著録宋秘書監《王微集》十卷。

[3]秘書監：官名。南朝時爲秘書省長官。掌圖書經籍等，領著作省。宋三品。

微兄遠字景舒，位光禄勳。時人謂遠如屏風，屈曲從俗，能蔽風露。言能不乖物理也。

遠子僧祐字胤宗，幼聰悟，叔父微撫其首曰："兒神明意用，當不作率爾人。"雅爲從兄儉所重，[1]每鳴笳列騶到其門候之，僧祐輒稱疾不前。儉曰："此吾之所望於若人也。"世皆推儉之愛名德，而重僧祐之不趨勢也。

[1]雅爲從兄儉所重：中華本校勘記云："《南齊書·僧祐傳》

附《王秀之傳》，謂僧祐爲儉從祖兄。觀下儉到其門候之，則《南齊書》爲是。"

未弱冠，頻經憂，居喪至孝。服闋，髪落略盡，殆不立冠帽。舉秀才，爲驃騎法曹，羸瘠不堪受命。

雅好博古，善《老》《莊》，不尚繁華。工草隸，善鼓琴，亭然獨立，不交當世。沛國劉瓛聞風而悦，[1]上書薦之。爲著作佐郎，[2]遷司空祭酒，[3]謝病不與公卿游。齊高帝謂王儉曰："卿從可謂朝隱。"答曰："臣從非敢妄同高人，直是愛閑多病耳。"經贈儉詩云："汝家在市門，[4]我家在南郭；汝家饒賓侶，我家多鳥雀。"儉時聲高一代，賓客填門，僧祐不爲之屈，時人嘉之。[5]

[1]劉瓛：字子珪，沛國相（今安徽濉溪縣）人。儒學冠於當時。本書卷五〇、《南齊書》卷三九有傳。

[2]著作佐郎：官名。掌搜集史料，供著作郎撰史。職務清閑，成爲高門子弟的起家官。宋六品。齊官品不詳。

[3]祭酒：官名。王公軍府屬官。主閣内事。

[4]市門：大德本、殿本、百衲本同，汲古閣本作"門市"。

[5]僧祐不爲之屈，時人嘉之：高敏《南北史掇瑣》云："王僧祐最特殊的地方，在於他不趨權勢，其贈王儉詩足以表達他不慕榮利的性格特徵。"（中州古籍出版社2003年版，第114—115頁）

稍遷晋安王文學，[1]而陳郡袁利爲友，[2]時人以爲妙選。齊武帝數閲武，僧祐獻《講武賦》，王儉借觀不與。竟陵王子良聞其工琴，於坐取琴進之，不從命。永明末，爲太子中舍人，[3]在直屬疾，不待對人輒去。中丞沈約彈之云：[4]“肆情運氣，不顧朝典，揚眉闊步，直轡高驅。”坐贖論。時何點、王思遠之徒請交，[5]並不降意。自天子至于侯伯，未嘗與一人游。卒於黄門郎。子籍。

[1]文學：官名。南朝諸王及世子置。掌典章故事，備顧問侍從。宋六品。齊官品不詳。

[2]袁：大德本、汲古閣本、百衲本同，殿本作“哀”。

[3]太子中舍人：官名。東宮屬官。與中庶子共掌文翰，位在中庶子下，洗馬之上。宋六品。齊官品不詳。

[4]沈約：字休文，吴興武康（今浙江德清縣）人。梁武帝時任貴官。詩文注重音律，著有《四聲譜》。本書卷五七、《梁書》卷一三有傳。按，大德本、殿本、百衲本同，汲古閣本作“相約”。

[5]何點：字子晳，廬江灊（今安徽霍山縣）人。與兄何求、弟何胤皆爲當世名隱。本書卷三〇、《南齊書》卷五四有附傳，《梁書》卷五一有傳。　王思遠：琅邪臨沂（今山東臨沂市）人，王晏從弟。本書卷二四有附傳，《南齊書》卷四三有傳。

籍字文海，仕齊爲餘杭令，[1]政化如神，善於擿伏，自下莫能欺也。性頗不儉，[2]俄然爲百姓所訟。又爲錢唐縣，[3]下車布政，咸謂數十年來未之有也。

[1]仕齊爲餘杭令：中華本校勘記云：“‘餘杭’《梁書》作‘餘姚’。按《册府元龜》七〇五作‘餘杭’。”餘杭，縣名。治所在今浙江杭州市餘杭區西南。

[2]性頗不儉：中華本校勘記云：“王懋竑《讀書記疑》：‘儉疑作檢。’按下云‘徒行市道，不擇交遊’。亦是不檢之一端。”

[3]錢唐：縣名。治所在今浙江杭州市。

籍好學，有才氣，爲詩慕謝靈運。至其合也，[1]殆無愧色。時人咸謂康樂之有王籍，[2]如仲尼之有丘明，[3]老聃之有嚴周。[4]梁天監中，[5]爲輕車湘東王諮議參軍，[6]隨府會稽郡。[7]至若邪溪賦詩云：[8]"蟬噪林逾静，鳥鳴山更幽。"劉孺見之，[9]擊節不能已已。以公事免。

[1]合：成。

[2]康樂：謝靈運。晋時襲封康樂公，故又稱謝康樂。

[3]丘明：左丘明撰《左氏春秋》（即《左傳》），司馬遷認爲此書爲解釋《春秋》而作。

[4]老聃之有嚴周：老聃、嚴周，老聃即老子。嚴周即莊周。參見《史記》卷六三《老子韓非列傳》。

[5]天監：南朝梁武帝蕭衍年號（502—519）。

[6]湘東王：蕭繹。即梁元帝。字世誠，梁武帝第七子。本書卷八、《梁書》卷五有紀。

[7]會稽：郡名。治山陰縣，在今浙江紹興市。

[8]若邪溪：水名。今名平水江。在今浙江紹興市南。源出若邪山，北流入浙東運河。

[9]劉孺：字孝稚，本書避唐高宗李治諱作"孝幼"，彭城（今江蘇徐州市）安上里人。文章爲沈約、梁武帝讚賞。本書卷三九有附傳，《梁書》卷四一有傳。

及爲中散大夫，[1]彌忽忽不樂，乃至徒行市道，不擇交游。有時塗中見相識，輒以笠傘覆面。後爲作唐侯相,[2]小邑寡事，彌不樂，不理縣事。人有訟者，鞭而遣之。未幾而卒。籍又甚工草書，筆勢遒放，蓋孔琳之流亞也。[3]湘東王集其文爲十卷云。

[1]中散大夫：官名。多養老疾，無職事。梁十班。陳四品，秩千石。

[2]後爲作唐侯相：中華本校勘記云："《梁書》作'帶作唐令'。作唐縣屬荆州南平郡，見《南齊書·州郡志》。"作唐，縣名。治所在今湖南安鄉縣北。侯相，官名。職如縣令。

[3]孔琳之：字彦琳，會稽山陰（今浙江紹興市）人。本書卷二七、《宋書》卷五六有傳。　流亞：同類的人物。

瞻字思範，弘從孫也。祖柳字休季，位光禄大夫、東亭侯。父猷字世倫,[1]位侍中、光禄大夫。瞻年六歲從師，時有伎經門過,[2]同業皆出觀，瞻獨不視，習業如初。從父僧遠聞而異之,[3]謂其父猷曰："大宗不衰，寄之此子。"年十二居父憂，以孝聞。服闋，襲封東亭侯。後頗好逸游，爲閭里患，以輕薄稱。及長，折節脩士操，涉獵書記，善碁工射。

[1]父：大德本、殿本、百衲本同，汲古閣本作"之"。

[2]伎：伎女。古代指女歌舞藝人。

[3]僧遠：大德本、汲古閣本、殿本、百衲本同，中華本據《梁書》卷二一,《册府元龜》卷七九八、卷八一九,《通志》卷一四〇改作"僧達"。

歷位驃騎將軍王晏長史。[1]晏誅，出爲晋陵太守。[2]

潔己爲政，妻子不免飢寒，時號廉平。王敬則作亂，[3]瞻赴都，敬則經晋陵郡，人多附之。敬則敗，臺軍討賊黨，瞻言愚人易動，不足窮法。齊明帝從之。所全萬數。遷御史中丞。

[1]王晏：字休默，一字士彦，琅邪臨沂（今山東臨沂市）人。齊武帝時官至吏部尚書，位任親重。武帝死，蕭鸞（齊明帝）謀廢立，晏有佐命功。後遭明帝疑忌，被殺。本書卷二四有附傳，《南齊書》卷四二有傳。

[2]晋陵：郡名。治晋陵縣，在今江蘇常州市。

[3]王敬則：臨淮射陽（今江蘇寶應縣）人，僑居晋陵南沙（今江蘇常熟市）。以屠狗爲業，母爲女巫。齊國建立，官至開府儀同三司。齊明帝嗣位，疑忌舊臣，起兵敗死。本書卷四五、《南齊書》卷二六有傳。

梁臺建，爲侍中、吏部尚書。性率亮，居選，[1]所舉其意多行。[2]頗嗜酒，每飲或彌日，而精神朗贍，不廢簿領。梁武每稱瞻有三術：射、棋、酒也。[3]卒，謚康侯。子長玄早卒。

[1]居選：大德本、汲古閣本、百衲本同，殿本、中華本作“居選部”。

[2]其意多行：大德本、汲古閣本、百衲本同，殿本、中華本作“多行其意”。

[3]棋：圍棋。

弘四弟：虞、柳、孺、曇首。虞字休仲，位廷尉卿。[1]虞子深字景度，有美名，位新安太守。柳、孺事列于前，曇首别卷。

[1]廷尉卿：官名。掌刑獄。南朝又置建康三官，分掌刑法審判，廷尉職權較漢爲輕。梁、陳定名廷尉卿。宋三品。

沖字長深，弘玄孫也。祖僧衍，位侍中。父茂璋字胤光，仕梁位給事黄門侍郎。沖母，梁武帝妹新安公主，卒於齊世。武帝深鍾愛沖，賜爵東安亭侯。累遷侍中，南郡太守。[1]習於法令，政號平理，雖無赫赫之譽，久而見思。曉音樂，習歌儛，善與人交，貴游之中，聲名籍甚。[2]

[1]南郡：郡名。治江陵縣，在今湖北荆州市荆州區。

[2]聲名籍甚：衆口稱道。

侯景之亂，[1]元帝承制，[2]沖求解南郡讓王僧辯，[3]并獻女伎十人，以助軍賞。侯景平，授丹楊尹。[4]魏平江陵，敬帝爲太宰承制，以沖爲左長史。紹泰中，[5]累遷光禄大夫、尚書左僕射、開府儀同三司，[6]給扶。[7]

[1]侯景：懷朔鎮（今内蒙古固陽縣）人。爲東魏河南道大行臺，於梁武帝太清初降梁。太清二年（548），舉兵反，攻陷建康，困死梁武帝。又廢簡文帝，自立爲帝，改國號爲漢。史稱侯景之亂。動亂歷時四年，梁從此衰敗。陳寅恪《〈魏書·司馬叡傳〉江東民族條釋證及推論》云：“侯景之亂，不僅於南朝政治上爲鉅變，

並在江東社會上，亦爲一劃分時期之大事。”（載《金明館叢稿初編》，生活·讀書·新知三聯書店2001年版，第113頁）本書卷八〇、《梁書》卷五六有傳。

[2]承制：秉承皇帝旨意，代行其職權之稱。

[3]南都：大德本同，汲古閣本、殿本、百衲本作“南郡”。按，上文言王沖爲南郡太守，此作“南郡”是。底本誤。　王僧辯：字君才，太原祁（今山西祁縣）人。梁簡文帝大寶三年(552)，率軍與陳霸先克建康，平定侯景。後爲陳霸先襲殺。本書卷六三有附傳，《梁書》卷四五有傳。

[4]丹楊尹：官名。京畿行政長官，屬於既機要又顯貴之職。

[5]紹泰：南朝梁敬帝蕭方智年號（555—556）。

[6]光禄大夫：大德本、汲古閣本、殿本、百衲本同，中華本據《陳書》卷一七《王沖傳》補作“左光禄大夫”。按，此底本誤，應據《陳書》改。左光禄大夫，官名。作爲在朝顯職的加官，無具體職掌，位在金紫光禄大夫上。梁十六班。

[7]給扶：給予扶侍之人。君主賜給大臣的一種禮遇。

陳武帝受禪，[1]領太子少傅，[2]加特進、左光禄大夫，[3]領丹楊尹，參撰律令。帝以沖前代舊臣，特申長幼之敬。文帝即位，[4]益加尊重，嘗從幸司空徐度宅，[5]宴筵之上，賜以几。光大元年薨，[6]年七十六，贈司空，謚曰元簡。

[1]陳武帝：陳霸先。字興國，南朝陳開國君主。本書卷九，《陳書》卷一、卷二有紀。

[2]太子少傅：官名。東宫屬官。與太子太傅並稱太子二傅。掌輔佐太子。南朝皆置詹事，二傅不領官屬庶務。陳二品，秩中二千石。

[3]特進：官名。魏晋南北朝成爲正式加官名號，用以安置閑退大臣，位在三公下。陳二品，秩中二千石。

[4]文帝：南朝陳文帝陳蒨。字子華，陳武帝侄。本書卷九、《陳書》卷三有紀。

[5]徐度：字孝節，安陸（今湖北安陸市）人。本書卷六七、《陳書》卷一二有傳。

[6]光大：南朝陳廢帝陳伯宗年號（567—568）。

沖有子三十人，並致通官；第十二子瑒。

瑒字子瑛，[1]沈静有器局，美風儀。梁元帝時，位太子中庶子。[2]陳武帝入輔，以爲司徒左長史。[3]文帝即位，累遷太子中庶子、散騎常侍、侍中。[4]父沖嘗爲瑒辭領中庶子，文帝顧沖曰："所以久留瑒於承華，正欲使太子微有瑒風法耳。"

[1]子瑛：大德本、殿本、百衲本同，汲古閣本作"子蕘"。《陳書》卷二三《王瑒傳》作"子璵"。

[2]太子中庶子：官名。東宫屬官。掌侍從、奏事、諫議等。宋五品。梁十一班。

[3]司徒左長史：官名。位在司徒右長史上。主要協助司徒主持選舉事務。宋六品。梁十二班。

[4]散騎常侍：官名。東晋時參掌機密，選望甚重，職任比於侍中。南朝以後隸屬集書省，掌管圖書文翰。地位驟降，用人漸輕。陳三品，秩中二千石。

宣帝即位，[1]歷中書令，吏部尚書。瑒性寬和，務清静，無所抑揚。還尚書左僕射，加侍中，參選事。

［1］宣帝：南朝陳宣帝陳頊。字紹世，陳文帝弟。本書卷一〇、《陳書》卷五有紀。

瑒居家篤睦，每歲時饋遺，徧及近親。敦誘諸弟，禀其規訓。卒，贈特進，謚曰光子。

瑒弟瑜字子珪，亦知名。美容儀。年三十，官至侍中。永定元年使齊，[1]以陳郡袁憲爲副。[2]齊以王琳故，[3]囚之。齊文宣每行，[4]載死囚以從，齊人呼曰供御囚。每佗怒，則召殺之。瑜及憲並危殆者數矣，齊僕射楊遵彦每救護之。[5]天嘉二年還朝，[6]復爲侍中。卒，謚曰貞子。

［1］永定：南朝陳武帝陳霸先年號（557—559）。

［2］袁憲：字德章，陳郡陽夏（今河南太康縣）人，袁樞弟。本書卷二六有附傳，《陳書》卷二四有傳。

［3］王琳：字子珩，會稽山陰（今浙江紹興市）人。本兵家子，姐妹爲蕭繹寵，遂得爲將帥。本書卷六四、《北齊書》卷三二有傳。

［4］齊文宣：北齊文宣帝高洋。字子進，高歡次子，北齊建立者。《北齊書》卷四、《北史》卷七有紀。

［5］楊遵彦：楊愔。字遵彦，弘農華陰（今陝西華陰市）人。《北齊書》卷三四有傳，《北史》卷四一有附傳。

［6］天嘉：南朝陳文帝陳蒨年號（560—566）。

論曰：語云"不有君子，其能國乎"。晋自中原沸騰，介居江左，以一隅之地，抗衡上國，年移三百，蓋有憑焉。其初謠云："王與馬，共天下。"[1]蓋王氏人倫之盛，實始是矣。及夫休元弟兄，[2]並舉棟梁之任，下逮世嗣，無虧文雅之風。其所以簪纓不替，豈徒然也。僧達猖狂成性，元長躁競不止。[3]闕

[1]王與馬，共天下：意即士族與皇權共天下的政治格局。參田餘慶《東晋門閥政治》（北京大學出版社 2012 年版）。

[2]休元弟兄：指王弘、王曇首兄弟。

[3]元長：王融。字元長。